JN040071

プレップ
倫理学 ［増補版］

柘植尚則

弘文堂

はじめに

　何が善くて、何が悪いのか。

　何が正しくて、何が正しくないのか。

　わたしたちは、ふだんの生活のなかで、こうした問いに悩まされることがあります。しかし、それに答えるのは、じつは易しいことではありません。

　まず、何が「善い／悪い」のか、何が「正しい／正しくない」のか、それを判断する基準について考えなければなりません。また、そもそも、「善い／悪い」とはどういうことか、「正しい／正しくない」とはどういうことか、そうした言葉の意味についても考えなければなりません。

　このように、問いに答えるには、「善い／悪い」「正しい／正しくない」の基準や意味について考えることが必要になります。そして、それをするのが「倫理学」です。

　では、倫理学とはどのような学問でしょうか。倫理学は「善／悪」や「正／不正」について考察しますが、それだけではありません。「幸福」「義務」「徳」「自己と他者」「個人と社会」「正義」「自由」「平等」といった基本的な問題や、「医療」「環境」「科学技術」「ビジネス」といった現代的な問題についても考察します。

　そして、これらの問題について考察するなかで、倫理学は、倫理のあり方を探究し、さらに進んで、人間の生き方や社会のあり方を探究します。つまり、人間の生き方や社会のあり方を探究することが、倫理学の最終的な目的です。言い換えると、「人間はどう生き

るべきか」「社会はどうあるべきか」という問いこそ、倫理学の究極の問題なのです。

　ですが、「人間はどう生きるべきか」「社会はどうあるべきか」という問いは、永遠の問題です。倫理学には、二千年以上の歴史がありますが、それにもかかわらず、倫理学者のあいだでは、今も論争が続いています。

　だとすると、倫理学を学んでも役に立たないのではないか、と思われるかもしれません。たしかに、倫理学は、ほかの学問と違って、あまり役に立ちそうにありません。しかし、少なくとも、倫理学を学ぶことで、人間の生き方や社会のあり方について、考えを深めることはできます。そして、その考えを自分の人生に活かすことはできます。

　さらに言うと、わたしたちは、人生のなかで、いろいろな問題に出会って、人間の生き方や社会のあり方について、自分なりに考えることがあります。そのようなときには、じつは、倫理的に考えているのです。したがって、倫理学は、よく生きるうえで有益な学問というよりも、よく生きるために必要な学問です。

　この本は、そのような「倫理学」の「入門の入門」書です。倫理学をはじめて学ぶ人のための本です。高校生、大学生、社会人の方に、倫理学を広く知ってもらうために、全体を見渡せるようにしています。まずはこの本で、倫理学の世界に触れてみてください。

著　者

• 目次 •

1
倫理学とは

倫理学は、その名のとおり、「倫理」を研究する学問です。では、倫理とは何でしょうか。倫理を研究するとはどういうことでしょうか。ここでは、倫理の本性や倫理学の特性について説明します。そして、倫理学の歴史や倫理学の分野を紹介します。

•── 倫理とは何か

倫理というルール

まず、倫理とは何でしょうか。さしあたって言うと、倫理とは、人間が社会の一員として守るべき「ルール」のことです。そうしたルールを守らなければ、人間は社会のなかで生活することができません。そもそも、そうしたルールが無ければ、人間は社会を維持することもできません。倫理とは、人間が社会を維持し、社会のなかで生活するのに必要なルールのことです。

もっとも、このように言うと、倫理は、「礼儀」「作法」「法律」といった、ほかのルールと区別がつかなくなります。礼儀、作法、法律も、人間が社会の一員として守るべきルールです。では、それらと倫理とは、どこが違うのでしょうか。

たとえば、礼儀や作法を守らなければ、恥をかくだけですが、倫理を守らなければ、責められます。また、倫理を守らなくても、ふつうは罰せられませんが、法律を守らなければ、かならず罰せられ

ます。倫理は礼儀や作法よりも厳しいルールであり、法律は倫理よりもさらに厳しいルールです。このように、厳しさという点で、倫理は、礼儀や作法、法律と区別されます。

ですが、この区別はあいまいです。たとえば、他人に親切にすることは礼儀や作法ですが、倫理でもあります。また、人を殺してはならないというルールは法律ですが、倫理でもあります。したがって、どこまでが倫理で、どこからが倫理でないのか、それをはっきりと決めることはできません。

その理由は、じつは、倫理という言葉の広さにあります。もともと、倫理の「倫」は「人の輪」を、「理」は「すじみち」を表しています。つまり、倫理は、「人びとのあいだで行われるべき、正しい道」という意味の言葉です。言い換えると、社会で守られるべきルールのすべてをさす言葉なのです。

そこで、この本では、社会のルール全般という広い意味で倫理を捉え、礼儀、作法、法律を倫理のなかに含めることにします。とくに、法律については、倫理のうちでとりわけ重要なものが法律とされる、と考えることにします。

また、倫理に近い言葉として「道徳」があります。道徳とは、人として行うべき「道」や身につけるべき「徳」のことですが、やはり、社会のルール全般をさすものです。そこで、この本では、倫理と道徳を同じ意味で用いることにします。

倫理という生き方

倫理とは、まずは、人間が社会の一員として守るべきルールのことです。しかし、それだけではありません。倫理とは、じつは「生き方」でもあります。

では、倫理が生き方であるとは、どういうことでしょうか。たとえば、あいさつをすることは、たんにルールを守るということではありません。それは、相手を尊重する生き方をするということでもあります。倫理が生き方であるとは、ルールを守ることで、ある種の生き方をすることにほかなりません。つまり、倫理は人間の生き方を表すものなのです。

　じっさい、倫理には、「慣習」や「習俗」という意味もあります。日本語の「倫理」は、英語では「エシックス」と言い、その語源はギリシア語の「エートス」ですが、このエートスには、慣習や習俗という意味があります。また、「倫理」に近い「道徳」という言葉は、英語では「モラル」ですが、その語源はラテン語の「モーレス」であり、その意味はエートスとほとんど同じ意味です。

　慣習や習俗とは、社会の「ならわし」や「しきたり」、つまり、社会で広く認められている行動様式や生活様式のことです。そして、行動様式や生活様式とは、要するに、生き方のことです。したがって、倫理は、ルールであるだけでなく、生き方でもあるのです。

•── 人間はどう生きるべきか

人間とは何か

　倫理は、人間が社会のなかで守るべきルールであり、人間の生き方を表すものです。そこで、倫理を知るためには、まず、人間を知らなければなりません。

　では、人間とは何でしょうか。人間の本性については、古来より、さまざまな考えがあります。

たとえば、古代中国の孟子という思想家は、人間の本性を善と考えました。人間には、生まれつき、憐れみの心、悪を憎む心、謙遜の心、善悪を見分ける心があって、それらの心を養うことで、人間は、仁・義・礼・智という徳をもつことができる。このような孟子の考えは、性善説と呼ばれています。

　それに対して、同じく古代中国の荀子という思想家は、人間の本性を悪と考えました。人間は、生まれつき、自分の利益を求め、他人を妬むものであって、争いを避けるには、人間を、礼というルールに従わせる必要がある。このような荀子の考えは、性悪説と呼ばれています。

　また、近代の西洋でも、多くの思想家が人間の本性について考えました。人間は、自分の幸福を追求するだけの利己的な存在にすぎないのか。それとも、他人の幸福を配慮することのできる利他的な存在でもあるのか。また、人間がもともと利己的であるとして、そのような人間がどのようにして利他的になるのか。こうした問題が思想家のあいだで議論されました。

人間の現実と理想

　人間の本性については、さまざまな考えがありますが、いずれにしても、倫理は人間の本性を、つまり、現実の人間をもとにしています。

　そして、そのうえで、倫理は理想の人間を示します。先に見たように、倫理は人間の生き方を表すものですが、それは、人間の現実の生き方ではなく、人間の理想の生き方です。言い換えると、倫理は、「人間はどう生きているか」ではなく、「人間はどう生きるべきか」を表すものなのです。

そこで、倫理を知るためには、人間の現実と理想の両方を知らなければなりません。では、人間はどう生きるべきでしょうか。理想の人間についても、さまざまな考えがあります。

　たとえば、人間は「幸福」を求めるべきである、という考えがあります。ただし、その幸福とは、人間が現実に欲しているものではなく、理想として欲するべきものです。

　また、人間は「義務」をなすべきである、という考えもあります。ただし、その義務とは、強いられて行うことではなく、人間としてみずから行うべきことです。

　さらに、人間は「徳」を身につけるべきである、という考えもあります。徳とは、優しさ、誠実さ、賢さといった、人間がもつべき優れた性格のことです。

　幸福、義務、徳は、人間がよく生きるうえで大切なものです。倫理は、それらをめざして生きるべきであると唱えるのです。

•── 社会はどうあるべきか

社会とは何か

　次に、倫理を知るためには、社会も知らなければなりません。

　では、社会とは何でしょうか。社会の本性についても、さまざまな考えがあります。

　たとえば、社会は個人から成っているのだから、社会は個人の集まりにすぎない、という考えがあります。それに対して、社会は個人とは別の動きをするものであるから、社会は個人の集まりを超えるものである、という考えもあります。

また、人びとのあいだで取り決めがなされることで、社会は設立される、という考えがあります。それに対して、そうした取り決めがなくても、知らず知らずのうちに、社会は形成される、という考えもあります。

　では、社会の本性について、さまざまな考えがあるのはなぜでしょうか。それは、ひとくちに社会と言っても、さまざまな社会があるからです。国や地域はもちろん社会ですが、家族、学校、職場も社会です。社会には、さまざまな大きさや形のものがあります。そこで、どの社会を思い浮かべるかによって、社会の本性について、考えが違ってくるのです。

　また、人間をどう捉えるかによっても、考えが違ってきます。人間の本性は善か、悪か。人間は利己的な存在か、利他的な存在か。人間に対する見方が変われば、それに応じて、社会に対する見方も変わってきます。

社会の現実と理想

　社会の本性についても、さまざまな考えがありますが、いずれにしても、倫理は社会の本性を、つまり、現実の社会をもとにしています。そして、そのうえで、理想の社会を示します。

　では、社会はどうあるべきでしょうか。理想の社会についても、さまざまな考えがあります。

　たとえば、社会は個人のためにあるのだから、社会は個人を守るべきである、という考えがあります。それに対して、個人は社会なくして生きられないのだから、むしろ、個人が社会を守るべきである、という考えもあります。

　二つの考えの違いは、個人と社会のうち、個人を優先するか、社

会を優先するか、という違いから来ています。したがって、理想の社会について考えるときには、「個人と社会」という問題、つまり、個人と社会の関係はどうあるべきか、という問題についても考えなければなりません。

　さらに、「個人と社会」について考える前に、「自己と他者」について考えなければなりません。なぜなら、他人との関わりというものがまずあって、その先に、社会との関わりがあるからです。そして、自己と他者の関係をどう捉えるかよって、個人と社会の関係も決まってくるのです。

　このように、理想の社会については、「個人と社会」や「自己と他者」という問題も関係してきます。ただ、どのように考えるにしても、倫理は理想の社会を実現することを求めるのです。

•── 倫理学という学問

哲学としての倫理学

　倫理は、人間が社会の一員として守るべきルールであり、人間の生き方を表すものです。それは、現実の人間や社会をもとにして、理想の人間や社会を示すものです。

　では、そのような倫理を研究するとはどういうことでしょうか。あるいは、倫理学とはどのような学問でしょうか。

　倫理を研究するとは、ある倫理を取り上げて、そのしくみを明らかにしたり、いろいろな倫理を比べて、それらの違いを示したりすることのように思われるかもしれません。もちろん、そうしたことも研究ですが、それだけではありません。さらに、倫理そのものに

ついて考えることも研究です。

　むしろ、倫理学は、倫理そのものについて考えることを中心にしています。倫理学がそのような特性をもっているのは、じつは、倫理学が「哲学」の一つの部門であるからです。

　哲学とは、ひとことで言うと、ものごとについて原理的・根本的に考えることです。つまり、ものごとの原理や根本にまで立ち返り、その原理や根本そのものを問題にすることです。したがって、倫理学とは、倫理について原理的・根本的に考えることなのです。その意味で、倫理学は「道徳哲学」とも呼ばれています。

倫理学の問題

　では、倫理について原理的・根本的に考えるとは、どういうことでしょうか。それは、たとえば、こういうことです。

　倫理は、人間が社会の一員として守るべきルールです。それは、あることを命じたり、禁じたりするという仕方で、善いことや悪いこと、正しいことや正しくないことを示します。しかし、あることが「善い／悪い」「正しい／正しくない」ことは、どのようにして分かるのでしょうか。また、そもそも、あることが「善い／悪い」「正しい／正しくない」とは、どういうことでしょうか。

　また、倫理は、理想の人間や社会を示します。しかし、何が理想の人間や社会なのでしょうか。それをどのようにして決めるのでしょうか。また、理想の人間や社会については、さまざまな考えがあります。では、どれが最も望ましい人間や社会なのでしょうか。それをどのようにして選ぶのでしょうか。

　このように、倫理について、つきつめて考えること、それが、原理的・根本的に考えることにほかならないのです。

では、倫理学という学問は、具体的には、どのような問題について考察するのでしょうか。

　倫理学は、「善／悪」「正／不正」「幸福」「義務」「徳」「自己と他者」「個人と社会」「正義」「自由」「平等」などについて考察します。これらは倫理学の基本的な問題です。また、倫理学は、「医療」「環境」「科学技術」「ビジネス」などについても考察します。これらは現代の倫理学の重要な問題です。

　そして、これらの問題について考察するなかで、倫理学は、倫理のあり方を探究し、さらに、人間の生き方や社会のあり方を探究します。倫理は人間の生き方や社会のあり方を示すものです。したがって、「人間はどう生きるべきか」「社会はどうあるべきか」という問いが、倫理学の究極の問題になります。

●── 倫理学の歴史

　ここまで、倫理とは何か、倫理学とはどのような学問か、ということを見てきました。それでは、倫理学はどのようにして誕生し、発展したのでしょうか。ここでは、西洋の倫理学の歴史を辿ることにします。

古代・中世

　西洋の倫理学は古代のギリシアで誕生しました。そのきっかけをつくったのは、ソフィストと呼ばれた知識人です。ソフィストの多くは、倫理が時代や地域によって異なるのを知って、倫理が相対的なものであると考えました。それに対して、哲学者のソクラテスは、

倫理が絶対的であると考え、ソフィストに反対しました。こうして、倫理をめぐる論争が本格的に始まったのです。

　また、ソクラテスは、人間の生き方についても考えました。人間にとって大切なのは、ただ生きることではなく、よく生きることである。そして、「よく生きる」とは、おのれの魂に配慮することである。ソクラテスはこのように考え、とくに、ポリスという国家の市民としての生き方を求めました。

　ソクラテスに続いて、弟子のプラトンや、プラトンの弟子のアリストテレスも、倫理のあり方や人間の生き方を探究しました。さらに、プラトンとアリストテレスは、ポリスのあり方についても考察しました。こうして、古代ギリシアにおいて、西洋の倫理学の原型ができあがったのです。

　のちに、ポリスが崩壊すると、人びとの関心は個人の生き方に向かいました。それをうけて、哲学者は、たとえば、真の快楽を求めるべきであると説いたり、理性に従って情念を抑えるべきであると唱えたりしました。

　こうした考えは、古代のローマの人びとにも受け継がれましたが、やがて、キリスト教に取って代わられました。そして、中世のヨーロッパでキリスト教が絶対的になると、倫理は宗教にもとづいて考えられるようになり、それに伴って、倫理学は神学の下に置かれるようになりました。

近代

　ですが、近代になり、キリスト教の力が弱まると、しだいに、宗教にもとづかない倫理というものが考えられるようになりました。そして、倫理学は、神学から自立して、近代的な学問として発展す

ることになりました。

　たとえば、何が「善い／悪い」「正しい／正しくない」のか、それをどのようにして知るのか、ということが議論されました。善と悪、正と不正は、理性や知性によって知られるのか、それとも、感覚や感情によって知られるのか。それらの認識をめぐって、活発な論争がなされました。また、それに関わって、それらに関する判断は客観的かどうか、ということも議論されました。

　また、人間の生き方についても、新たな考えが生まれました。それは「主体」という考えです。主体とは、簡単に言うと、伝統や権威によらず、みずから思考し、判断し、行為することのできる存在のことです。近代の哲学者の多くは、人間をそのような主体として捉えました。そして、主体である限りで、人間は自由であり、平等である、と考えました。

　さらに、社会のあり方についても、新たな考えが生まれました。それは「自由で平等な社会」という考えです。時代が大きく変わるなかで、哲学者は、まず人間の生き方を探究し、そこから社会のあり方を探究しました。そして、契約にもとづく国家や、交換にもとづく市場といった、自由で平等な人間から成る社会を構想し、その実現をめざしました。

　しかし、近代の社会は、じっさいには、自由でも平等でもなく、さまざまな問題をもたらしました。そこで、のちの哲学者は、近代の社会を批判して、社会の変革や、新たな社会の確立をめざしました。また、近代の社会は、人間に主体性を与えるどころか、人間から主体性を奪いました。そこで、哲学者のなかには、新たな仕方で主体性の確立をめざす者も出てきました。

現代

　現代になると、倫理学はさらに展開されました。

　たとえば、「善い／悪い」「正しい／正しくない」とはどういうことか、そうした言葉の意味が議論されるようになりました。そして、善と悪、正と不正に関する判断の方法や特性をめぐって、論争がなされるようになりました。さらに、そうした論争をふまえて、倫理の本性が改めて問われるようになり、現在に至っています。

　また、人間の生き方についても、新たな動きが現れました。人間の主体性の確立をめざす試みが本格的になる一方で、主体そのものに対する反省が進み、近代的な主体というものが批判され、幻想として退けられるようになったのです。

　そして、主体に代わって「他者」がキーワードになりました。人間は、もともと、他者との関わりのなかで生きており、他者なくしては生きられないのだから、他者とともに、他者のために生きなければならない。多くの哲学者がそう考えるようになりました。

　つぎに、社会のあり方についても、新たな動きが現れました。近代の社会がもたらした問題は、現代になると、いっそう深刻になりました。それをうけて、近代の社会の変革や、新たな社会の確立をめざす試みも徹底的になり、さらに、近代の社会を全面的に否定する思想も生まれました。

　そうした流れのなかで、とくに「正義」に関して、新たな議論が起こりました。公正な社会とはどのような社会か。そこでは、人間はどこまで自由であり、平等であるのか。公正な社会をめぐって、哲学者はさまざまな立場から論争しました。

　このように、現代の倫理学は、近代の人間観や社会観を乗り越えようとするものであり、その試みは現在も続いています。

さらに、現代の倫理学は、新たな問題にも取り組むようになりました。科学技術が進歩した結果、人類は、先端医療技術の問題や地球環境の問題のような、これまで経験したことのない問題に直面しました。倫理学は、こうした問題についても考察するようになりました。また、それとともに、ビジネス、教育、福祉など、日常の生活のなかで生じる倫理的な問題にも、積極的に向き合うようになりました。

•── 倫理学の分野

　では、現代の倫理学には、どのような分野があるのでしょうか。倫理学を狭く捉える場合には、「規範倫理学」「メタ倫理学」「応用倫理学」という三つの分野があります。そして、広く捉える場合には、三つの分野のほかに、「社会哲学」「他者論」「正義論」といった分野もあります。

規範倫理学
　規範倫理学は倫理学の中心的な分野です。「規範」とは、言うまでもなく、「ルール」のことです。規範倫理学は、さまざまなルールの原理を探究し、その原理に拠って、ものごとの「善／悪」「正／不正」を判断します。
　まず、規範倫理学は、何が「善い／悪い」のか、何が「正しい／正しくない」のか、それを判断する基準について論じます。この基準は「道徳の原理」と呼ばれます。規範倫理学は、何が道徳の原理であるのか、つまり、道徳が何にもとづいているのか、という問題

について考えます。

　道徳の原理には、おもなものとして、「幸福」「義務」「徳」があります。それらは、人間がよく生きるうえで大切なものですが、だからこそ、道徳の原理にもなるのです。そして、幸福、義務、徳のうち、どれを原理とするかによって、規範倫理学は三つの立場に分かれます。

　次に、規範倫理学は、道徳の原理に拠って、何が「善い／悪い」のか、何が「正しい／正しくない」のか、それを具体的に判断します。そうした判断は「道徳判断」と呼ばれます。道徳判断は、何を原理とするかによって、大きく異なってきます。

メタ倫理学

　メタ倫理学は倫理学の基礎的な分野です。「メタ」とは、「あとに」「こえて」という意味のギリシア語です。メタ倫理学は、規範倫理学のように道徳判断を行うのではなく、道徳判断そのものを検討し、さらに、道徳そのものを問題にします。

　まず、メタ倫理学は、道徳判断の「方法」や「特性」について論じます。つまり、道徳判断はどのようにしてなされるのか、道徳判断はどのような判断なのか、といった問題について考えます。そして、そのなかで、「善い／悪い」「正しい／正しくない」とはどういうことか、そうした言葉の意味を問題にします。さらに、道徳判断は客観的であるのか、道徳的な性質は存在するのか、道徳判断は行為を動機づけるのか、という問題についても考えます。

　次に、メタ倫理学は、「道徳の本性」について論じます。具体的には、道徳とはどのような営みか、道徳はどうあるべきか、といった問題について考えます。また、道徳の本性に関連して、「道徳の

理由」という問題もあります。それは、ひとことで言うと、なぜ道徳的であるべきか、という問題であり、道徳のいわば外から、道徳の価値を問うものです。メタ倫理学はこうした問題にも深く関わっています。

応用倫理学

　応用倫理学は、その名のとおり、倫理学の応用的な分野です。「応用」とは、もちろん、理論を応用することを意味します。応用倫理学は、規範倫理学の提唱する理論を手がかりとして、現代の倫理的な問題について考察します。

　ただし、応用倫理学は、規範倫理学のたんなる「応用」ではありません。理論を手がかりとして、問題について考察するなかで、むしろ、理論の誤りを指摘し、理論を批判することもあるからです。したがって、規範倫理学と応用倫理学は、双方向という関係にあります。理論を「手がかり」として、というのは、「たたき台」として、という意味です。

　さらに、応用倫理学は、理論に拠ることなく、問題について「倫理学」的に考え、問題の解決をめざすこともあります。この場合には、規範倫理学の「応用」でさえありません。そこで、「実践倫理学」と呼ばれることもあります。

　このような応用倫理学には、扱う領域に応じて、さまざまなものがあります。一つの学問として確立されたものとしては、生命倫理・医療倫理、環境倫理、科学技術倫理、工学倫理・技術倫理、情報倫理、経営倫理・企業倫理などがありますが、近年では、さらに多くのものが誕生しています。

社会哲学、他者論、正義論

　倫理学は、広い意味では、社会哲学、他者論、正義論といった分野も含んでいます。

　社会哲学は、哲学の一つの部門として、社会のあり方について考察するものです。現代では、狭い意味での倫理学と区別されますが、それでも、倫理学と密接に関わっており、歴史的には、倫理学とほとんど重なっています。そのことは、倫理学が社会のあり方を探究することからして、当然のことです。

　他者論は、現代の倫理学において、最も重要な分野の一つです。他者とともに、あるいは、他者のために、どのように生きるべきか。そもそも、他者とはどのような存在か。他者論は、このような問題について考えます。そして、他者との対話や、他者に対する責任について論じます。

　正義論も、現代の倫理学において、最も重要な分野の一つです。正義に関する議論は古くからありますが、現代の正義論は、とくに「公正としての正義」を問題にします。公正としての正義とは、社会の公正なあり方のことです。その意味で、この分野は「社会正義論」とも呼ばれており、「政治哲学」や「法哲学」の一つの分野とも考えられています。

　以上、倫理学の分野について見てきました。この本では、倫理学をはじめて学ぶ人のために、規範倫理学、メタ倫理学、他者論、社会哲学、正義論、応用倫理学、という順で、倫理学の世界を広く紹介していくことにします。

2
幸福

　人は誰でも「幸福」を求めます。ですが、幸福とは何でしょうか。あるいは、何が幸福なのでしょうか。ここでは、幸福について考えることにします。そして、倫理学には、幸福を道徳の原理とする「幸福主義」という立場があります。そこで、この立場についても見ることにします。

•── 幸福とは何か

幸福とは快楽のことである

　「幸福とは何か」という問題は、きわめて重要ですが、この問題に答えるのは、けっして容易ではありません。

　まず、幸福は人によって異なります。ある人にとって幸福であることが、別の人にとって幸福であるとは限りません。また、幸福は状況によっても異なります。同じ人であっても、あるときには幸福であることが、別のときには幸福であるとは限りません。

　そうすると、あることが幸福であるかどうかは、それが「快い」とか「楽しい」と感じられるかどうかによるのかもしれません。幸福は、感じ方の問題、心の問題のような気もします。だとすれば、幸福は、「快い」とか「楽しい」と感じること、つまり、「快楽」を得ることにある、ということになります。

　幸福はじつにさまざまです。そこで、すべての幸福に当てはまる

ような定義があるとすれば、「幸福とは快楽のことである」という
定義ぐらいしかなさそうです。

　「幸福とは快楽のことである」という考え方は、「快楽主義」と呼
ばれています。快楽主義は、幸福を、「快い」とか「楽しい」とい
った、心の状態と捉え、幸福と快楽を同じものと考えます。このよう
な立場をとる思想家として、古代ギリシアのエピクロス、近代イ
ギリスのベンサムやミルがいます。

幸福と快楽は違う

　ですが、快楽主義に対しては、たとえば、次のような批判があり
ます。たしかに、幸福と快楽は切り離すことができない。しかし、
だからといって、幸福と快楽が同じものである、ということにはな
らない。なぜなら、快楽は幸福に伴うものであって、幸福そのもの
ではないからである。「幸福であること」と「幸福と感じること」
は別である。幸福な人は自分を幸福と感じるだろうが、幸福と感じ
ている人がじっさいに幸福であるとは限らない。

　また、次のような批判もあります。人はふつう、あるものを欲し、
それを得たときに、喜びを感じる。大切なのは、喜びを感じるとい
うことよりも、何を欲し、何を得るかということである。幸福は、
自分の欲するものを得ること、つまり、欲求を満たすことにある。
快楽は、欲求がじっさいに満たされたことを示すものにすぎない。
快楽であれば、何でもよい、というわけではない。

　さらに、次のような批判もあります。たとえば、何もしなくても、
あるいは、何かをしているように錯覚させて、快楽を与えるような、
薬や装置があるとしよう。そのような薬や装置によって快楽を得た
としても、幸福であるとはいえないだろう。幸福は、たんに快楽を

得ることではなく、じっさいに何かをすること、つまり、経験することにある。快楽は、経験の結果として得られるものにすぎない。快楽さえ得られるならば、それでよい、というわけではない。

このように、快楽主義を批判する人びとは、幸福と快楽が違うことを強調しています。そして、幸福が、快楽を得ることではなく、欲求を満たすことや経験することにある、と主張しています。

幸福は主観的なものか

ただ、快楽を得ることにしても、欲求を満たすことや経験することにしても、それらは主観的なものです。つまり、快楽主義を唱える人びとも、快楽主義を批判する人びとも、幸福を主観的なものと捉えています。それに対しては、幸福は、主観的なものではなく、客観的なものではないか、という議論があります。幸福を客観的なものと捉える人びとは、次のように論じています。

たとえば、ある人があるものを求めていて、それが自分の役に立つどころか、自分の身を滅ぼすようなものであるとしよう。本人は、それによって、快楽を得たり、欲望を満たしたりして、自分が幸福であると思うだろう。しかし、周りの人は、それは本人の思い込みであって、ほんとうは幸福ではないと思うだろう。

では、周りの人は、どうしてそう思うのか。それは、すべての人にとって望ましいものがあると考え、それに照らして、ある人が幸福であるかどうかを判断しているからである。そして、この「すべての人にとって望ましいもの」こそ、幸福なのである。したがって、幸福は、主観的なものではなく、客観的なものである。

幸福を客観的なものと捉える人びとは、このように論じています。そして、幸福を「すべての人にとって望ましいもの」、つまり、人

間にとって望ましい状態と考えています。人間にとって望ましい状態とは、たとえば、繁栄していることや、福祉が実現していることです。

　ちなみに、日本語の「幸福」や、英語の「ハピネス」は、ギリシア語で「エウダイモニア」と言います。それは、「よくあること」という意味の言葉であり、「繁栄」や「福祉」といった、人間の客観的な状態を含んでいます。他方、「幸福」や「ハピネス」は、「快い」とか「楽しい」といった、人間の主観的な意識を含んでいます。そこで、幸福は、時代とともに、客観的なものから主観的なものへと変わっていった、とも言われています。

•── 何が幸福であるのか

理性に従うこと

　「幸福とは何か」という問題は、もちろん重要ですが、それと同じくらい、あるいは、それよりも重要なのは、「何が幸福であるのか」という問題です。

　たとえば、アリストテレスは次のように論じています。よい職人とは、職人としての能力をもち、それを発揮する人のことである。同じように、よい人間とは、人間としての能力をもち、それを発揮する人のことである。では、ほかの動物や植物にはない、人間に特有の能力とは何か。それは「理性」である。したがって、よい人間とは、理性をもち、理性を発揮する人のことである。そして、人間の幸福は、理性に従って生きることにある。

　アリストテレスはこのように、理性に従うことが人間にとって幸

福である、と考えています。ですが、アリストテレスの考えに対しては、次のような批判があります。

　たしかに、理性は人間に特有の能力であるかもしれない。しかし、だからといって、理性に従うことが人間にとって幸福である、ということにはならない。なぜなら、「特有である」ことが「望ましい」ことであるとは限らないからである。

　また、人間には、理性のほかにも、さまざまな能力がある。それらはほかの動物や植物にも備わるものであるが、どうしてそれらに従ってはならないのか。どうして理性に従うべきなのか。それは、理性を特別なものと見なしているからではないのか。人間は、ほかの動物や植物と同じように、自分の欲求を満たそうとする。ほかの動物や植物と違うのは、理性を用いて欲求を満たそうとするということだけである。

　アリストテレスのように、人間の能力のうち、とくに理性を重視する立場は、「理性主義」と呼ばれています。アリストテレスの考えを批判する人びとは、その理性主義を問題にしているのです。

　そこで、アリストテレスの考えを修正して、次のように主張する人びともいます。人間の幸福は、理性に限らず、すべての能力を用いて生きることにある。能力は個人によって異なるが、各人が、自分の能力を発揮し、自分の可能性を実現することが、幸福なのである。この考えは、現代では、有力な立場の一つになっています。

誇りをもつこと

　「何が幸福であるのか」という問題については、さらに、次のような考えもあります。人間にとって、何よりも大切なのは、自分に「誇り」をもつことである。誇りを失えば、人間として生きていく

ことはできない。したがって、人間の幸福は、誇りをもつことにある。そして、人間にとって、誇りを与えるものは幸福であり、誇りを奪うものは幸福ではない。

　誇りをもつことが幸福である、という考えも、有力な立場の一つです。この考えを唱える人びとは、次のように論じています。たとえば、富や権力、地位や名誉は、ふつう、幸福と思われている。それらは、誇りを与えるものでもある。しかし、それらを求めることで、かえって、誇りを失うこともある。そのときには、それらは、どれほど幸福に見えるとしても、けっして幸福ではない。

　この議論では、二つのことが主張されています。一つは、誇りという幸福が、富や権力、地位や名誉という幸福よりも重要である、ということです。もう一つは、誇りが、富や権力、地位や名誉が幸福であるための条件になっている、あるいは、それらが幸福であるかどうかを判断する基準になっている、ということです。

　とくに、後者について言うと、富や権力、地位や名誉が幸福であるためには、少なくとも、それらが誇りを奪うものであってはならない、ということです。あるいは、富や権力、地位や名誉が幸福であるかどうかは、それらが誇りを与えるのか、それとも、奪うのかによって決まる、ということです。

　このように、誇りをもつことは、それ自体が幸福であるだけでなく、ほかのものが幸福であるための条件や、幸福であるかどうかを判断する基準にもなっています。誇りは「自己尊重」とも呼ばれていますが、それは、さまざまな幸福のなかでも、とくに重要であり、特別な地位を占めています。誇りをもつことが幸福である、という考えが有力であるのも、そのためです。

•── どの幸福を選ぶべきか

幸福を計算する

　「幸福とは何か」「何が幸福であるのか」という問題に次いで重要なのは、「どの幸福を選ぶべきか」という問題です。つまり、いくつかの幸福のうちから、どれかを選ぶとすれば、どうすればよいのか、という問題です。

　この問題については、どの幸福が自分の能力を最も用いるのか、あるいは、どの幸福が誇りを最も与えるのか、という点から考えることができます。また、快楽主義者のベンサムは、幸福すなわち快楽の価値を測ることを提案しています。

　ベンサムによると、ある快楽が、どのくらい強いのか、どのくらい続くのか、どのくらい確実／不確実なのか、どのくらい近い／遠いのか、また、別の快楽を生むのかどうか、苦痛を伴うのかどうか、それらを検討することで、快楽の価値が測られるのです。そこで、それにもとづいて、最も価値の高い快楽を選べばよい、ということになります。

　ベンサムの提案した方法は「快楽計算」と呼ばれています。それは、快楽の量を計算する、というものです。この方法に対しては、そのような計算がそもそも不可能ではないか、という批判があります。たしかに、快楽の量を正確に計算することは困難です。しかし、いくつかの快楽から一つを選ぶときには、誰もが、ベンサムの提案したようなやり方をとっていることも事実です。

　また、ベンサムが快楽の「量」を問題にしたことに対しては、量さえ多ければ、どのような快楽でもよいのか、という批判もありま

す。ベンサムは、量の違いを除けば、どのような快楽であっても、快楽であることに違いはない、と考えていました。ですが、この考えに反対する人びとは、ベンサムの立場を「豚の哲学」と非難しました。

幸福に違いはあるのか

　こうした非難をうけて、同じ快楽主義者のミルは、ベンサムの考えを修正しています。

　ミルは次のように論じています。快楽には、量の違いだけでなく、質の違いもある。そして、質の高いものと低いものがある。両方を知っている人であれば、質の低い快楽よりも、質の高い快楽を選ぶはずである。あるいは、質の低い快楽を求める生き方よりも、質の高い快楽を求める生き方を選ぶはずである。つまり、「満足した豚であるよりも、不満足な人間であるほうがよく、満足した愚か者よりも、不満足なソクラテスであるほうがよい」のである。

　ミルはこのように、人間は質の高い快楽を選ぶべきである、と考えています。そして、精神的な快楽が、肉体的な快楽よりも、また、高度な能力を必要とする快楽が、そうした能力を必要としない快楽よりも、質が高い、と述べています。

　ですが、ミルの考えに対しても、次のような批判があります。たしかに、快楽には、質の高いものと低いものがある。しかし、だからといって、質の高い快楽を選ぶべきである、ということにはならない。人間が満たすべき快楽のなかには、質の低いものもたくさんあるからである。質が低いからといって、それらを軽んじるべきではない。

　また、次のような批判もあります。たしかに、快楽には、質の違

いがある。しかし、だからといって、ある快楽が別の快楽よりも質が「高い／低い」ということにはならない。質が違うというのは、「種類」が違うということにすぎないからである。どのような快楽であれ、快楽であることに違いはない。

　ミルの場合、幸福と快楽は同じものですから、ミルの考えに対する批判は、幸福についてもいえます。つまり、質の低い幸福を軽んじるべきではない、あるいは、どのような幸福であれ、幸福であることに違いはない、というわけです。

　それに対して、ミルの考えを擁護する人びとは、次のように反論しています。たしかに、どのような幸福であっても、幸福であることに違いはない。しかし、だからといって、幸福はすべて同じである、ということにはならない。じっさい、人は、さまざまな幸福を知り、それらに優劣をつけている。つまり、優れた幸福と劣った幸福を区別している。そして、劣った幸福よりも優れた幸福を選んでいるのである。

　幸福に違いはあるのか、ないのか。あると考える人びとは、人間が幸福に優劣をつけているという事実をもとにしています。それに対して、ないと考える人びとは、そうした優劣は個人的なものであって、一般的なものではない、と主張しています。

•── 幸福は究極の目的か

道徳の原理としての幸福

　ここまで、幸福について考えてきましたが、倫理学には、幸福を道徳の原理とする立場があります。それは「幸福主義」と呼ばれて

います。代表的な思想家は、アリストテレスとミルです。

　では、「幸福を道徳の原理とする」とは、どういうことでしょうか。道徳の原理とは、「善い／悪い」「正しい／正しくない」を判断する基準のことです。したがって、幸福を道徳の原理とするとは、幸福に拠って、善と悪、正と不正を判断することです。つまり、幸福を生み出すものを「善い」、不幸を生み出すものを「悪い」と判断すること、あるいは、幸福を生み出す行為を「正しい」、不幸を生み出す行為を「正しくない」と判断することです。

　幸福主義とは、幸福を「善／悪」「正／不正」を判断する基準とする立場のことですが、より広い意味では、幸福を究極の目的とする立場のことです。その場合、誰の幸福をめざすかによって、幸福主義は三つの立場に分かれます。三つの立場とは、自分の幸福をめざす「利己主義」、他人の幸福をめざす「利他主義」、すべての人の幸福をめざす「功利主義」です。

　いずれにしても、幸福主義は、幸福が人間にとって最も大切なものであり、人生の目的であると考えます。そして、幸福以外のものを、幸福という究極の目的のための手段と捉えます。たとえば、道徳も、幸福のための手段と見なします。

　このことは、幸福主義が「幸福を道徳の原理とする」ことからもいえます。幸福を道徳の原理とすることは、幸福にもとづいて道徳を考えることです。そうすると、道徳は、幸福に役立つもの、幸福に必要なもの、つまりは、幸福のための手段、ということになります。幸福主義は、道徳は幸福のためにあるのであって、幸福のためにならない道徳など、もはや道徳ではない、と考えます。

　「幸福のための道徳」という考えは、幸福主義の大きな特徴です。この考えに対しては、強い批判がありますが、それについては、の

ちに取り上げることにします。

幸福は究極の目的である

　話を少し戻すと、幸福は究極の目的である、というのが、幸福主義の立場でした。しかし、人間は、幸福だけを求めて生きているわけではありません。人生には、幸福のほかにも、いろいろな目的があります。では、どうして幸福が究極の目的といえるのでしょうか。ここでは、アリストテレスとミルの議論について見てみます。

　アリストテレスは次のように論じています。究極の目的とは、つねに目的とされ、何かの手段となることがないものである。たとえば、名誉や徳は、目的として追求されることもあるが、幸福のための手段として追求されることもある。それに対して、幸福は、つねに目的として追求され、けっして何かの手段として追求されることはない。それゆえ、幸福こそ、究極の目的である。

　つまり、ほかのものが目的にも手段にもなるのに対して、幸福だけは、つねに目的であって、けっして手段にならないがゆえに、究極的である、というのが、アリストテレスの議論です。

　しかし、この議論には難点があります。まず、つねに目的であるがゆえに、究極的である、とはいえません。もしそうなら、何の手段にもならない、つまらないものが、究極的である、ということになってしまうからです。また、何かの手段になるがゆえに、究極的でない、ともいえません。もしそうなら、人生の目的とすべき、大切なものが、たまたま何かの手段にもなるために、究極的でない、ということになってしまうからです。

　もっとも、このような言い方は、ヘ理屈かもしれません。アリストテレスは、はじめから、追求するに値するものしか論じていませ

ん。また、幸福以外のすべてのものが、つねに、幸福のための手段として追求されている、とも考えていません。

　他方、ミルは次のように論じています。たしかに、人びとは、徳、富、権力、名声などを、目的として追求する。しかし、それらは、もともと、幸福のための手段であったのが、やがて、幸福の一部となった、ということにすぎない。それゆえ、あるものが、幸福のための手段としてではなく、目的として追求されるとすれば、それは、幸福の一部として追求されているのである。

　つまり、目的として追求するものはすべて、幸福の一部として追求している、というのが、ミルの議論です。ミルの考えでは、幸福は、究極の目的というよりもむしろ、唯一の目的です。

　ミルの議論には説得力があります。それは、幸福を、多くの部分からなる、一つの全体として考えるものです。この考えは、幸福という言葉のもつイメージに近いのかもしれません。ただ、そうだとすると、幸福には、「望ましいもの」くらいの意味しかありません。このことがミルの議論の弱点でもあります。

•── 最大多数の最大幸福

功利原理

　さて、幸福主義のなかでも、とくに重要な立場は「功利主義」です。功利主義は、現代の倫理学において、最も有力な立場とされています。それは、ベンサムによって提唱され、ミルによって継承され、その後も展開されて、現在に至っています。

　功利主義は「功利原理」を基礎としています。「功利」とは「効

用」や「有用性」のことです。そして、功利原理とは、人びとの幸福を増やす行為を認め、反対に、それを減らす行為を認めない、という原理です。

この原理によると、人びとの幸福を増やす行為が、正しい行為であり、反対に、それを減らす行為が、正しくない行為です。そして、正しい行為のうちでも、より多くの幸福を生み出す行為が、より望ましい行為です。そこで、最も多くの人びとに、最も多くの幸福をもたらす行為、すなわち、「最大多数の最大幸福」を生み出す行為が、最も望ましい行為になります。

功利主義は「最大多数の最大幸福」を理想としています。この言葉が示すとおり、功利主義は、自分の幸福でも、他人の幸福でもなく、自分や他人を含む、すべての人の幸福をめざします。この点が功利主義の大きな特徴であり、ほかの幸福主義との違いです。

また、功利主義は、幸福を「善」とし、不幸を「悪」としたうえで、「善い」結果を生み出す行為を「正しい」と、「悪い」結果を生み出す行為を「正しくない」と判断します。この点も功利主義の大きな特徴ですが、それは幸福主義に共通するものです。ちなみに、幸福主義のように、行為の道徳的な価値はその結果にある、という考え方は、「結果説」と呼ばれています。

その証明

功利主義は、功利原理を基礎とし、最大多数の最大幸福を理想としています。そこで、功利主義が自説を主張するためには、まず、功利原理が正しいことを証明しなければなりません。

たとえば、ミルは次のような証明を行っています。すなわち、(1) 各人は自分の幸福を望んでいる、ゆえに、(2) 各人の幸福は各

人にとって望ましい、ゆえに、⑶ 万人の幸福は万人にとって望ましい、というものです。

　まず、⑴ から ⑵ ですが、ある人が「望んでいる」ものが、その人にとって「望ましい」ものとは限りません。次に、⑵ から ⑶ ですが、⑶ は ⑵ の「各人」を「万人」に置き換えたものにすぎません。証明しなければならないのは、「万人」の幸福は「各人」にとって望ましい、ということです。残念ながら、ミルの証明は成功していません。

　ただし、ミルは、功利原理に関して、次のようにも論じています。人びとは、社会のなかで仲間と協力することで、仲間との一体感を抱くようになる。この感情こそ、功利主義の道徳に力を与え、それを人びとに受け入れさせるものである。言い換えると、最大幸福の道徳の究極的な強制力である。

　つまり、仲間と一体であるという感情によって、人びとは功利原理を受け入れるようになる、というのが、ミルの議論です。この議論は、功利原理の証明ではありませんが、ミル自身の証明よりも説得力をもっています。

•── 社会の幸福と個人の幸福

社会の幸福か、個人の幸福か

　功利主義に対しては、いくつかの弱点が指摘されています。そのうちでも、とくに重要なのは、功利主義が、社会の幸福と個人の幸福の対立という問題にうまく応えられない、というものです。

　この問題は、社会の幸福と個人の幸福が対立する場合に、社会の

幸福が個人の幸福よりも優先される、あるいは、社会の幸福のために個人の幸福が犠牲にされる、というものです。社会の幸福と個人の幸福が対立するとき、功利原理に従うと、社会の幸福が全体として増えるのであれば、個人の幸福は後回しにしてもよい、あるいは、無視してもよい、ということにもなりかねません。

　このような批判に対して、功利主義は次のように反論しています。功利主義は、社会の幸福を個人の幸福よりも優先したり、社会の幸福のために個人の幸福を犠牲にしたりするような思想ではない。功利主義の考えでは、社会は個人から成っているのであり、社会の幸福は個人の幸福を合計したものにすぎない。それゆえ、社会の幸福が増えることは、個人の幸福が増えることにほかならない。

　しかし、現実には、社会の幸福が増える一方で、個人の幸福が失われる、ということが、しばしば起こっています。では、功利主義が、社会の幸福と個人の幸福の対立という問題にうまく応えられないのはなぜでしょうか。

　それは、一つには、功利主義が、幸福の分配について、ほとんど論じていないからです。功利主義は、人びとの幸福を最大にすることをめざしますが、それによって得られた幸福を、人びとのあいだでどのように分配するのか、という課題については、一定の考えをもっていません。なぜなら、功利原理は、幸福の産出に関する原理であって、幸福の分配に関する原理ではないからです。

　また、一つには、功利主義が、人びとの幸福を、比べたり選んだりできるものと考えているからです。功利主義は、人びとの幸福が対立する場合、それらを比べて、より多くの人が望んでいる幸福を選びます。その結果、ほかの幸福は捨てられることになります。ですが、それらは、望んでいる人が少ないという理由だけで捨てられ

てもよい、というものではありません。つまり、人びとの幸福を比べたり、選んだりすることが、まさに問題なのです。

個人の自由

　しかし、そうはいっても、人びとの幸福が対立するときには、それらを比べて、どれかを選ばなければなりません。ここで考えられるのは、生命や自由のような、誰にとっても大切なものは、比較や選択の対象としてはならない、ということです。言い換えると、そうしたものは、けっして侵害されてはならない、ということです。

　そして、そのことに関して、ミルが一つの原則を唱えています。その原則とは、人びとがある人の自由に干渉することが認められるのは、自分たちを守る場合だけである、というものです。あるいは、人びとがある人に対して権力を用いることができるのは、その人が別の人に危害を加えるのを防ぐ場合だけである、というものです。要するに、他人に危害を加えない限り、個人の自由を認めなければならない、というのが、この原則の主旨です。

　この原則は「危害原則」と呼ばれています。ミルがこの原則を唱えたのは、じつは、多数者が少数者の自由を抑圧するという「多数者の専制」の問題に対処するためでした。ですが、危害原則は、社会の幸福と個人の幸福の対立という問題にも適用することができます。なぜなら、社会の幸福とは、じっさいには、多数者の幸福のことだからです。事実、ミルもそのように考えています。

　そこで、功利主義は、危害原則を二次的な原理として用いることで、社会の幸福と個人の幸福の対立という問題に応えようとしています。

3

義務

　人には、したいことだけでなく、しなければならないこともあります。それはふつう「義務」と呼ばれています。倫理学には、義務を道徳の原理とする「義務論」という立場があり、代表的な思想家として、近代ドイツのカントがいます。ここでは、カントの思想を中心に、義務について考えることにします。

•── 義務とは何か

人間としてなすべきこと

　はじめに、カントは「善い意志」について論じています。カントによると、善い意志だけが無制限に善いものです。才能や気質は、意志によって、善いものにも悪いものにもなります。また、権力、富、名誉、健康など、およそ幸福と呼ばれるものも、善い意志によって導かれなければ、人を傲慢にします。したがって、無制限に善いといえるのは善い意志だけです。

　そして、カントの考えでは、善い意志は、それがめざす目的のゆえに、あるいは、それが生み出す結果のゆえに、善いのではありません。善い意志はそれ自体で善いのであって、目的が達せられなくても、あるいは、結果につながらなくても、その価値は失われないのです。

　このように、カントは善い意志を重視しています。そのため、カ

ントの考えは「動機説」と呼ばれています。動機説とは、行為の道徳的な価値はその動機にある、という考え方です。それは、先に見た「結果説」とは対照的なものです。結果説は、善い結果を生み出す行為は、動機には関わりなく、道徳的な価値をもつ、と考えます。それに対して、動機説は、善い動機にもとづく行為は、結果には関わりなく、道徳的な価値をもつ、と考えます。

　さて、カントは、善い意志について述べたうえで、それを「義務」によって説明しています。カントによると、善い意志とは、義務にもとづいて行為する意志のことです。「義務にもとづいて行為する」とは、「義務を義務として行う」ことです。つまり、「あることを、それが義務であるがゆえに、あるいは、それが義務であると考えて、行う」ことです。

　では、義務とはどのようなものでしょうか。カントの考える義務とは、ひとことで言うと、「人間としてなすべきこと」です。それは、ふつう考えられているような、強いられて行うことではなく、人間としてみずから行うべきことです。カントの考える義務は、一般的なイメージよりも広いものです。

義務にかなう／もとづく

　さらに、カントは、「義務にかなう」行為と「義務にもとづく」行為を区別しています。義務にかなう行為とは、義務に合致する行為です。それに対して、義務にもとづく行為とは、義務を義務としてなす行為です。つまり、義務であるという理由から、あるいは、義務であるという意識から、義務をなす行為です。

　カントによると、義務にかなう行為のすべてが、義務にもとづく行為であるわけではありません。たとえば、他人に親切にするとい

う行為は、義務にかなう行為です。しかし、他人に対する同情の念からなされた場合には、その行為は、義務にもとづく行為ではありません。他人に親切にすることが義務であるがゆえに、あるいは、そうすることが義務であると考えてなされた場合にのみ、その行為は、義務にもとづく行為でもあるのです。

　そして、カントは、義務にもとづく行為だけが、道徳的な価値をもつ、と考えています。この考えに対しては、たとえば、自然な愛情にもとづく行為には、道徳的な価値はないのか、むしろ、そうした行為こそ、道徳的な価値をもつのではないか、という異論があります。また、ある行為が、いかなる動機にもとづくにせよ、善い結果を生み出すのであれば、その行為には、道徳的な価値があるのではないか、という異論もあります。

　ここで問題になっているのは、行為の道徳的な価値は、いかなる動機にあるのか、あるいは、動機と結果のいずれにあるのか、ということです。カントの考えは、行為の道徳的な価値は、結果ではなく動機にあり、その動機とは、義務を義務として行う意志である、というものです。カントは、自然な愛情にもとづく行為や、善い結果を生み出す行為を否定しているのではありません。そうした行為は道徳とは関係がない、と考えているのです。

•── 何が義務であるのか

定言命法

　カントにとって、道徳は義務の問題です。そして、義務とは人間としてなすべきことです。では、何が義務であるのでしょうか。そ

れをどのようにして知るのでしょうか。カントは次のように論じています。

　たとえば、わたしが嘘の約束をするとしよう。だが、みんなが同じようにするとしたら、どうなるだろうか。誰もお互いを信用しなくなるから、約束をすることもできなくなるだろう。つまり、約束そのものが成り立たなくなるだろう。それゆえ、反対に、嘘の約束をしないことこそ、義務なのである。

　カントの議論は、あることに関して、みんながそれをしたらどうなるかを考え、そこから、何が義務であるのかを知る、というものです。カントは、「みんながそれをしたらどうなるか」を「それが普遍的な法則になるとしたらどうなるか」と言い表しています。それゆえ、「普遍的なものになりうるかどうか」を、義務であるかどうかの尺度と考えています。それは、現代の倫理学では、「普遍化可能性」と呼ばれています。

　そして、以上の議論をふまえて、カントは一つの原理を唱えています。それは、簡単に言うと、「あなたの規則が普遍的な法則になりうる場合にのみ、その規則に従って行為せよ」というものです。つまり、普遍的な法則になりうる規則だけに従って行為せよ、というものです。

　カントは、この原理を「命令」として示しています。命令には、「…したいのなら、〜せよ」という条件付きの命令と、「〜せよ」という無条件の命令があります。カントは、前者を「仮言命法」と、後者を「定言命法」と名づけたうえで、定言命法は一つしかなく、それが先の原理である、と主張しています。

　そして、この唯一の定言命法に拠って、カントは、さまざまな義務を導き出しています。義務には、自分に対するものと他人に対す

るものが、また、完全なものと不完全なものがあります。たとえば、自殺しないことは、自分に対する完全な義務であり、嘘の約束をしないことは、他人に対する完全な義務です。また、自分の才能を伸ばすことは、自分に対する不完全な義務であり、他人を助けることは、他人に対する不完全な義務です。

とくに、完全な義務は、必ず守られるべきものであり、不完全な義務は、むしろ功績とされるものです。カントは、義務のうち、それに反する規則が普遍的な法則になることを「考える」ことができないものを、完全な義務として、考えることはできても「意志する」ことができないものを、不完全な義務として、それぞれ導き出しています。

その問題点

ですが、定言命法に拠って義務を導き出す、というカントの方法は、あまり評判がよくありません。四種類の義務のうち、導き出すのに成功しているのは、他人に対する完全な義務くらいである、というのが、一般的な評価です。ここでは、それについて細かく見ることはしません。より重要なのは、カントの方法そのものが抱える、二つの問題点です。

一つは、定言命法がどのレベルで適用されるのか、それが明確ではない、という問題点です。たとえば、嘘の約束をする、という規則は、普遍的な法則になりそうにありませんが、重大な事態を避ける場合にのみ、嘘の約束をする、という規則は、普遍的な法則になりうるかもしれません。では、定言命法は、どちらに適用されるべきなのでしょうか。これについては、解釈が分かれています。

もう一つは、定言命法は形式的である、という問題点です。た

えば、カントの考えでは、嘘の約束をすることは、義務に反していますが、約束という慣わしがそもそも存在しない社会であれば、義務に反してはいません。だとすれば、嘘の約束をすることも、普遍的な法則になりえます。このように、定言命法が形式的すぎるために、どのようなことも矛盾なく正当化される恐れがあります。

　カント自身は、定言命法は、個々の状況に適用されるものであり、だからこそ、形式的でなければならない、と考えています。しかし、嘘の約束の例で言うと、約束という慣わしが存在すべきである、ということが、あらかじめ前提されているからこそ、嘘の約束をすることが義務に反するとされるのです。このように、定言命法は、個々の状況に適用されるためには、何らかの前提をもっていなければならないのです。

　二つの問題点のうち、後者はとくに重要であり、多くの思想家がそれを「形式主義」と呼んで、批判しています。

•── 道徳法則

道徳法則とは

　さて、カントは、「あなたの規則が普遍的な法則になりうる場合にのみ、その規則に従って行為せよ」という定言命法を、「道徳法則」と言い直しています。というよりも、道徳法則が定言命法の形をとる、というのが、正しい言い方です。

　カントによると、道徳法則とは、自然法則と異なり、「理性」によって立てられる原理です。それは、理性をもつ存在に対して、普遍的に当てはまるものです。そして、理性とは、道徳法則を立てる

ことによって、意志を導く能力のことです。カントはこの理性を「実践理性」と呼んでいます。

　また、カントは道徳法則から義務を説明しています。義務は、道徳法則から導き出され、道徳法則によって命じられるものです。したがって、**義務にもとづいて行為する**、つまり、**義務を義務として行うこと**は、道徳法則への「尊敬」の念から、道徳法則に従って行為することにほかなりません。

　そして、カントの考えでは、道徳法則に従って行為したのかどうか、それが「良心」という法廷で裁かれます。一般には、良心は、善と悪、正と不正を判断したり、それを命じたりする、心の働きであると考えられていますが、カントにあっては、道徳法則に従って行為したかどうかを反省する場とされています。

意志の自律

　先に述べたように、道徳法則は定言命法の形をとります。ですが、それはなぜでしょうか。人間が独特の存在であるから、というのが、カントの答えです。

　カントによると、人間は、理性をもつだけでなく、さまざまな欲求をもっています。そのため、欲求に囚われて、道徳法則に従えないこともあります。そこで、人間に対しては、道徳法則が定言命法として、すなわち、無条件の命令として示されるのです。

　しかし、カントの考えでは、人間は本来、理性的な存在です。欲求に囚われずに、理性によって道徳法則を立て、それに従うことができます。つまり、みずから法則を立て、みずから法則に従うことができるのです。このことを、カントは「意志の自律」と名づけています。他方、欲求のような、自分以外のものに囚われることを、

「意志の他律」と名づけています。

　ですが、欲求は自分以外のものでしょうか。欲求こそ、自分のものではないでしょうか。それに対するカントの答えはこうです。人間は、自然的な存在でもあり、その限りで、自然法則に支配されている。そして、欲求は、人間が自然的な存在としてもつものであり、それゆえに、同じく自然法則に支配されている。だが、人間は本来、理性的な存在である。したがって、欲求は、本来の自分以外のものである。

　カントは、欲求ではなく理性に従って生きることが、人間の本来の生き方である、と考えています。その意味で、「理性主義」の立場に立っています。

　さらに、カントは、意志の自律こそ、人間にとって真の「自由」である、と主張しています。つまり、人間が、理性的な存在として、みずから法則を立て、みずから法則に従うことに、人間の自由を見出しています。自由については、いろいろな考えがありますが、カントの「自律としての自由」は、現代の倫理学においても、有力な考えの一つです。

●── 人間の尊厳

「ひと」は「もの」ではない

　カントにとって、人間は、理性によって道徳法則を立て、それに従う、自律的な存在です。このような存在を、カントは「人格」と呼んでいます。

　カントによると、人格は「物件」とは異なります。物件は、何か

の手段として、相対的な価値しかもたないものです。それは、ほかのものに置き換えることができるもの、「価格」によって測ることができるものです。他方、人格は、たんなる手段ではなく、それ自体で目的として、いわば「目的そのもの」として、絶対的な価値をもつものです。それは、ほかのものに置き換えることができないもの、価格によって測ることができないものです。

　要するに、「ひと」は「もの」ではない、というのが、カントが強く主張したいことです。人間は、たんなる手段ではなく、目的そのものである。そして、ここに「人間の尊厳」がある。カントはこのように考えています。

　そこで、カントは、先の定言命法をもとにして、新たな定言命法を唱えています。それは、簡単に言うと、「あなたや他人の人格にある人間性を、たんに手段として扱うのではなく、同時に目的として扱うように、行為せよ」というものです。つまり、人間を、たんなる手段である「もの」として扱うのではなく、目的そのものである「ひと」として扱え、というものです。

　この定言命法は、たとえば、他人を「手段として」扱うことを禁じているのではありません。そうではなくて、他人を「たんに手段として」扱うことを禁じているのです。そのうえで、他人を手段として扱うときでも、「同時に目的として」扱うことを命じています。つまり、自分という「目的」のために、他人を手段として用いるときでも、他人を、たんなる手段と見なすのではなく、自分と同じように「目的」として考えることを命じています。

人間を尊重すること
　ですが、どうして、自分だけでなく、他人も目的として考えるべ

きなのでしょうか。このような疑問に対して、カント自身は、（1）人は自分を目的として考えている、そして、（2）他人も自分を目的として考えている、したがって、（3）すべての人は目的として考えられるべきである、と答えています。しかし、（2）から（3）については、問題があります。すべての人が、自分だけが目的であり、他人は手段にすぎない、と考えているかもしれないからです。

　カントの答えは、残念ながら、答えになっていませんが、そこには、カントの考えがはっきりと表れています。それは、目的そのものとして、すなわち、人格として、人間を尊重すべきである、という考えです。

　そして、新たな定言命法が求めているのも、たんに義務を行うことではなく、人間を尊重することです。この定言命法は、自分の人格であれ、他人の人格であれ、それらに配慮することを命じています。このことは、別の言い方をすると、人格というものが、行為を制約する条件になっている、ということです。つまり、人間は、人格を実現するような仕方で、あるいは、少なくとも、人格を損なわないような仕方で、行為しなければならないのです。

　カントは、人格を絶対的なものと捉え、人間の尊厳を示したうえで、人間を尊重することを唱えています。このような立場は「人格主義」や「人道主義」と呼ばれています。

•—— 義務と幸福

幸福のための義務
　ここまで、カントの思想について見てきました。ここからは、話

を義務に戻して、「義務論」について見ていきます。義務論を知るうえで、一つの手がかりとなるのは、義務と幸福はどのような関係にあるのか、という問題です。

　両者の関係については、まず、義務は幸福のためにある、という考えがあります。それは、前に見た「幸福主義」の考えです。

　幸福主義は次のように主張しています。幸福は究極の目的であり、幸福以外のものは幸福のための手段である。それゆえ、義務も幸福のための手段である。義務は幸福のためにある。人が義務を果たすのも、そうすることが幸福に役立つ、あるいは、幸福に必要と思うからである。

　しかし、この考えに対しては、次のような疑問がよく出されます。たとえば、ある約束をしたが、あとになって、その約束を守るよりも、それを破るほうが、多くの幸福が得られることが判ったとしよう。そのような場合、幸福主義に従うならば、その約束を破ってもよい、ということになるのだろうか。

　つまり、より多くの幸福が得られるならば、義務に背いてもかまわないのか、という疑問です。このような疑問に対して、幸福主義は次のように答えることができます。たしかに、そのような場合もあるだろう。しかし、それでも、約束を破るのは望ましくない。なぜなら、約束を破れば、信用されなくなるからである。長い目で見れば、約束を守るほうが多くの幸福が得られる。

　また、とくに功利主義の立場から、次のように答えることもできます。約束を守るよりも破るほうが多くの幸福が得られるとしても、約束を守るべきである。なぜなら、約束を守るというルールが順守されなければ、人びとの幸福が損なわれるからである。約束を守るというルールは、人びとの幸福にとって重要である。

この答えでは、人びとの幸福に関わって、約束を破るという「行為」よりも、約束を守るという「ルール」が重視されています。功利主義のなかでも、ルールのもつ社会的な効用を問題にする立場は、「規則功利主義」と呼ばれています。それに対して、行為のもつ社会的な効用を問題にする立場は、「行為功利主義」と呼ばれています。規則功利主義は、まさに先の疑問に答えるために、新たに唱えられた立場です。

義務のための義務

次に、幸福と義務の関係について、幸福主義とは対照的に、義務は幸福とは別である、という考えもあります。それが「義務論」の考えです。

義務論は次のように主張しています。義務は幸福のためにあるのではない。人には、幸福に役立つかどうか、必要かどうかに関わりなく、しなければならないことがある。それが義務というものである。それゆえ、義務は幸福とは別である。

そこで、先の疑問に対しては、義務論はこう答えます。約束を守るよりも破るほうが多くの幸福が得られるとしても、約束を守るべきである。なぜなら、まさに約束をしたからである。約束をした以上、それを守る義務がある。幸福が得られるかどうかは、まったく問題ではない。

義務論の答えは、規則功利主義と同じですが、その理由は異なります。義務論は、約束をしたという事実を重視しています。そして、功利主義がこの事実を見落としていると批判しています。先の疑問も、じつは、義務論が功利主義を批判するために出してきたものです。これに対する応答として、規則功利主義が唱えられことは、先

ほど述べたとおりです。

　以上のように、義務論は、義務は幸福とは別である、と考えます。そして、義務を幸福のための手段とすることに反対します。義務はそれ自体で義務なのであって、幸福によって義務とされるのではない。この考えは「義務のための義務」と言われています。

　幸福主義と義務論の対立は、「道徳」についてもいえます。幸福主義が、道徳は幸福のためにある、と考えるのに対して、義務論は、道徳は幸福とは別である、と考えます。そして、道徳を、幸福のための手段ではなく、むしろ、幸福の条件と捉えます。たとえば、ある人が幸福に見えるとしても、道徳的でないとすれば、その人は真に幸福とはいえない。このように主張するのです。義務論者のカントは、道徳を「幸福に値すること」と呼んでいます。

目的か、義務か

　ところで、現代の倫理学では、義務論は「目的論」との対比で説明されます。

　目的論とは、行為の正しさは、その目的が善いかどうかによって決まる、という立場です。目的論によると、正しい行為とは、善い目的を実現する行為のことです。

　ここで言う「目的」には、幸福も含まれます。したがって、幸福主義も目的論です。また、「目的」は「結果」と言い換えることもできます。その限りで、目的論は、行為の道徳的な価値を結果に求める「結果説」と同じものです。さらに、近年では、目的論や結果説は「帰結主義」とも呼ばれており、むしろ、そちらが一般的になっています。

　他方、義務論とは、行為の正しさは、それが義務に合致するかど

うかによって決まる、という立場です。義務論によると、正しい行為とは、義務に合致する行為のことです。

　ここで言う「義務」とは、行為を命じたり禁じたりする規則のことです。したがって、義務論とは、義務という規則によって、行為の正／不正を判断する立場です。また、義務論は、行為の正しさは、目的や結果とは独立に決まる、あるいは、少なくとも、目的や結果だけによっては決まらない、と考えます。そこで、義務論は「非帰結主義」とも呼ばれています。

　ただし、義務論は動機説とは同じものではありません。なぜなら、動機説が行為の道徳的な価値を動機に求めるのに対して、義務論は行為の正しさを義務との合致に求めるのであり、動機を問題にしているわけではないからです。

　目的論と義務論は根本的に対立しています。抽象的な言い方をすると、目的論は「善」を基本とし、「善」によって「正」を定義しています。それに対して、義務論は「正」を基本とし、「正」を「善」とは独立したものと捉えています。

●── 義務の対立

どの義務を優先すべきか

　最後に、義務に関する問題について見ることにします。とくに重要なものとして、次の二つが挙げられます。一つは、義務の正当化という問題であり、もう一つは、義務の対立という問題です。

　前者は、あることが義務といえるのはなぜか、という問題です。この問題に対しては、カントの定言命法のような、基本的な原理に

よって義務を正当化するという方法があります。ただし、カントの方法が成功していないことは、先に触れたとおりです。また、「直観」によって義務を正当化するという方法もあります。これについては、のちほど触れることにします。

後者は、いくつかの義務が対立するとき、どの義務を優先すべきか、という問題です。この問題は「義務の衝突」や「義務の葛藤」とも呼ばれています。

この問題に対しては、カントが完全な義務と不完全な義務を区別したように、義務をその重要さに応じて分けるという方法が考えられます。つまり、いくつかの義務が対立するときには、最も重要な義務を優先する、ということです。しかし、それは、決定的な解決にはなりません。なぜなら、対立する義務が等しく重要であるときには、どれか一つを優先することが難しいからです。

義務の対立という問題は、義務論にとって重大な問題です。それに対して、幸福主義はこの問題を解決することができます。対立している義務が等しく重要であるときでも、最も多くの幸福をもたらすものを優先すればよいのです。

それでは、義務論がこの問題を解決するには、どうすればよいのでしょうか。その鍵は、義務を絶対的なものと考えるかどうか、にあります。

一応の義務

そこで、義務論のなかには、義務を相対的なものと考えることで、この問題を解決しようとする立場もあります。

たとえば、現代イギリスのロスは、「一応の義務」を唱えています。「一応の」とは、「一見自明な」という意味です。つまり、誰も

が認めるように「自明」ではあるが、「一見」そうであるだけであって、状況によっては、そうでないこともありうる、ということです。そして、一応の義務は、「本来の義務」とは区別されます。「本来の」とは、「現実の」という意味です。つまり、いくつかの義務から「現実」に選ばれる、ということです。

　ロスによると、人は、いくつかの一応の義務が対立するとき、よくよく考えて、最も重要なものを、本来の義務として選ぶのです。ただし、その判断は確実なものではありません。また、一応の義務は、選ばれるかどうかに関わりなく、義務であることには変わりありません。それぞれは確実なものなのです。

　では、何が一応の義務なのでしょうか。それはどのようにして知られるのでしょうか。それらは「直観」によって知られる、すなわち、「思慮があり、教養のある人びとの確信」にもとづく、というのが、ロスの考えです。そして、ロスは、一応の義務として、誠実であること、償うこと、感謝すること、正しく分配すること、他人の状態を改善すること、自分を向上させること、他人に危害を加えないことを挙げています。

　ロスと同じく、多くの義務論者は、義務が直観によって知られる、と考えています。ですが、そうした義務論者のあいだでも、何が一応の義務であるかについては、意見が分かれています。このことは、皮肉にも、直観が当てにならないことを示しています。

　ただ、それでも、義務は「義務」であって、幸福とは関わりなく、なされるべきものである、と考える点では、義務論は一致しています。この点が義務論の最大の特徴です。

4
徳

　倫理学には、幸福主義や義務論と並んで、「徳」を道徳の原理とする「徳倫理学」という立場があります。この立場は、現代になって誕生したものです。ただし、徳に関する議論は、古代から続いています。ここでは、徳倫理学の祖とされるアリストテレスの思想を中心に、徳について考えることにします。

•── 徳とは何か

優れていること

　まず、徳とは何でしょうか。一般的に言うと、徳とは、人間がもつべき優れた性格のことです。それは、優しい、誠実である、賢い、といったものです。

　徳は、ギリシア語では「アレテー」と言います。それは、もともと、「優れていること」「秀でていること」「卓越していること」「完成されていること」といった意味の言葉でした。

　アレテーという言葉は、はじめは、いろいろなものに対して用いられていました。たとえば、眼のアレテーとか、馬のアレテーといった言い方もされていました。ですが、やがて、とくに人間の魂に対して用いられるようになりました。たとえば、ソクラテスは、人間の魂が優れていることを、アレテーと呼んでいます。さらに、アレテーは、のちに、人間の魂のうちでも、おもに性格に対して用い

られるようになりました。

　また、徳は、ラテン語では「ウィルトゥス」と言います。こちらは、もともと、「力」や「能力」という意味の言葉でした。ただ、力があることは、言い換えると、優れていることですから、ウィルトゥスは、内容としては、アレテーとおおよそ同じものです。そして、ウィルトゥスも、はじめは、いろいろなものに対して用いられていましたが、のちに、おもに人間の性格に対して用いられるようになりました。

　今日では、徳はもっぱら、優れた性格をさす言葉として使われています。ですが、魂が「優れていること」という意味は、そのまま受け継がれています。

適切であること

　アリストテレスも、魂が優れていることを徳と考えています。そして、徳を、思考に関するものと性格に関するものに分けたうえで、とくに性格に関する徳について、独自の説明をしています。

　アリストテレスによると、たとえば、勇気という徳は、強すぎると、無謀という悪徳になり、反対に、弱すぎると、臆病という悪徳になります。つまり、勇気は無謀と臆病の中間にあります。同じように、気前のよさは浪費とケチの中間に、誇りはうぬぼれと卑屈の中間にあります。

　これらのことから明らかなように、徳は、「過剰」と「不足」という二つの悪徳の「中間」にあります。この中間を、アリストテレスは「中庸」と呼び、「徳とは中庸である」と主張しています。

　中庸とは、分かりやすく言うと、「適切であること」です。つまり、状況にふさわしい、ということです。たとえば、勇気とは、恐

怖に立ち向かうことですが、何も考えずに立ち向かうのであれば、無謀ということになり、反対に、恐れをなして逃げ出すのであれば、臆病ということになります。したがって、勇気という徳は、状況にふさわしい形で、恐怖に立ち向かうことにあります。

アリストテレス自身は、状況にふさわしいことを、「しかるべき時に、しかるべき事がらについて、しかるべき人に対して、しかるべき目的のために、しかるべき仕方で」と言い表しています。

アリストテレスの考えでは、中庸とは、平均をとる、足して二で割る、ということではありません。そうではなくて、多すぎず、少なすぎず、ということです。つまり、過剰と不足のあいだで、最もふさわしい形で、ということです。これほど難しいことはありません。その意味で、徳とは「頂点」なのです。けっして、適当に、とか、ほどほどに、ということではありません。

もっとも、アリストテレスは、すべてのことについて、中庸があるとは考えていません。たとえば、悪意といった情念や、殺人といった行為は、それが何かの過剰や不足であるから非難されるのではなく、それ自体で卑劣であるから非難される、と述べています。ただ、そうすると、「徳とは中庸である」という説明には限界があることを、アリストテレス自身が認めていることになります。

ちなみに、アリストテレスのほかにも、多くの思想家が、徳とは何かについて論じています。たとえば、古代のストア派の哲学者たちは、徳を「自然に従うこと」と考えています。「自然」とは、人間の自然、すなわち、理性のことです。また、ルネサンス期イタリアのマキャヴェリは、徳を、おのれの運命に抗する「力」と捉えています。

•—— 何が徳であるのか

基本的な徳

次に、何が徳であるのでしょうか。西洋に限っても、古来より、さまざまな徳が唱えられてきました。

たとえば、古代のギリシアでは、知恵・勇気・節制・正義が基本的な徳とされました。これらは「四元徳」と呼ばれています。

プラトンは、この四元徳を、人間の魂と対応させています。プラトンによると、人間の魂は理性・意志・欲望という三つの部分から成っていますが、理性がもつべき徳が知恵であり、意志がもつべき徳が勇気であり、欲望がもつべき徳が節制です。そして、それぞれの部分が、それぞれの徳をもち、お互いに調和するときに、正義が実現するのです。

また、中世のキリスト教では、信仰・希望・愛という三つの徳が基本的な徳とされました。西洋では、知恵・勇気・節制・正義と信仰・希望・愛を合わせて「七元徳」と呼ぶのが一般的です。

さらに、近代では、個人の自立や社会の発展に伴って、それを支えるものとして、思慮・勤勉・自制といった徳が称えられたり、寛容・誠実・公平といった徳が重んじられたりしました。

そして、現代では、他者との共生が求められるなかで、共感や思いやりが基本的な徳として挙げられています。

思考の徳、性格の徳

このように、古来より、さまざまな徳が唱えられてきましたが、同時に、それらの徳を分類することも試みられてきました。その先

駆けとされるのが、アリストテレスによる徳の分類です。

　先に述べたように、アリストテレスは、徳を、思考に関するもの
と性格に関するものに分けています。アリストテレスの考えでは、
人間の魂には、理性的である部分と理性的でない部分があって、前
者における徳が「思考の徳」であり、後者における徳が「性格の
徳」です。

　そして、アリストテレスは、「思考の徳／性格の徳」という区分
もとづいて、徳の定義や説明を変えています。

　思考の徳とは、その名のとおり、思考において「優れているこ
と」です。そのような徳として、知恵や思慮があります。知恵とは、
理論的な思考において、思慮とは、実践的な思考において、優れて
いることです。

　他方、性格の徳とは、先に見たように、過剰と不足の中間、すな
わち「中庸」です。そのような徳として、勇気・気前のよさ・誇り
のほかに、節制・温厚・機知などがあります。そして、性格の徳の
なかでも、とくに重要なのは、正義と友愛です。どちらも、共同体
が成り立つために、あるいは、人間が共同体の一員として生きるた
めに、不可欠のものです。

自然的な徳、人為的な徳

　アリストテレスのほかにも、徳の分類を試みた思想家は数多くい
ます。たとえば、近代イギリスのヒュームは、徳を、自然的なもの
と人為的なものに分けています。

　ヒュームによると、徳には、自然に生まれるものと、人間によっ
て作り出されるものがあります。前者が「自然的な徳」であり、後
者が「人為的な徳」です。たとえば、仁愛は自然的な徳であり、正

義は人為的な徳です。自然的な徳には、それに特有の自然な動機が存在しますが、人為的な徳には、そうした動機が存在しません。

　ヒュームの「自然的な徳／人為的な徳」という区分は独特であり、正義を人為的なものとしたこともあって、現代の徳倫理学に影響を与えています。

　また、ヒュームは、上の区分とは別の分類も行っています。ヒュームの考えでは、徳とは、本人にとって、もしくは、他人にとって「有用な」あるいは「快い」性格のことです。そこで、徳は、次の四つの種類に分けられます。すなわち、（1）本人とって有用な性格（勤勉・思慮・倹約）、（2）他人にとって有用な性格（正義・仁愛・誠実）、（3）本人にとって快い性格（平静・快活・威厳）、（4）他人にとって快い性格（上品さ・礼儀正しさ・機知）、です。

　ヒュームは、徳を、「優れていること」「適度であること」とはせず、「有用な／快い」性格としています。つまり、徳とは性格の有用さや快さのことである、と考えています。この考えも独特であり、やはり現代の徳倫理学に影響を与えています。

•── 徳を身につける

習慣によって

　さて、次に考えなければならないのは、いかにして徳を身につけるのか、という問題です。ここでも、アリストテレスの議論について見ることにします。

　アリストテレスによると、思考の徳は「教示」によって獲得されます。つまり、教わることで、人間は思考の徳を身につけます。そ

れに対して、性格の徳は「習慣」によって獲得されます。つまり、繰り返すことで、人間は性格の徳を身につけます。

アリストテレスの「性格の徳」は、習慣によって獲得されるので、「習性的な徳」とも呼ばれています。また、ギリシア語の「性格」や「習慣」は「倫理」と結びつきの強い言葉ですので、「倫理的な徳」とも呼ばれています。

では、性格の徳が習慣によって獲得されるとは、どういうことでしょうか。アリストテレスは次のように論じています。

性格の徳を獲得することは、技術を習得することに似ている。たとえば、人は、家を建てることによって、大工になる。それと同じく、正しい行為をすることによって、正しい人になる。つまり、徳のある行為をすることによって、徳のある人になるのである。

アリストテレスはこのように論じ、性格の徳は、徳のある行為をすることによって獲得される、と主張しています。

ただ、もちろん、徳のある行為をすることによって、すぐに徳を獲得するわけではありません。徳のある行為を繰り返すことで、ようやく徳を獲得するのです。そもそも、性格というものは、特定の行為を繰り返すうちに形成されます。アリストテレスは、性格は活動の反復から生じる、と述べています。したがって、性格の徳は、徳のある活動の反復から生じるのです。

また、アリストテレスは、徳は「状態」である、と語っています。ここで言う「状態」は、一時的なものではなく、恒常的なものです。性格の徳の場合、それは「性向」のことです。つまり、徳のある行為をするような性質や傾向のことです。このような性向も、習慣によって形成されるものです。

思慮にもとづいて

　アリストテレスは、いかにして性格の徳を身につけるのか、という問題に関して、さらに次のように論じています。

　人間は、生まれつき、正義や節制や勇気といった性質をもっている。しかし、そのような「自然的な徳」は「本来の徳」ではない。本来の徳は「思慮」なしには生まれない。なぜなら、徳は道理をそなえた状態であるが、その道理は思慮にもとづくからである。

　つまり、徳を道理のあるものにするのは思慮であるから、徳には思慮が必要である、というのが、アリストテレスの議論です。先に述べたように、思慮は思考の徳の一つです。したがって、性格の徳は思考の徳を必要としているのです。

　では、思慮とはどのような徳なのでしょうか。アリストテレスによると、それは、「人間の善に関わる行為をする、道理をそなえた、魂の真なる状態」です。思慮のある人とは、おのれの善について適切に熟慮する人であり、その熟慮とは、「よく生きる」ために、いかなることが善であるのかを考えることです。

　それでは、思慮はどのような役割を担うのでしょうか。ひとことで言うと、それは、何が「中庸」であるかを示す、ということです。先に見たように、中庸とは、適切であること、状況にふさわしいことです。したがって、何が適切であるのか、何が状況にふさわしいのか、それを示すことが、思慮の役割なのです。アリストテレスは、性格の徳とは、思慮のある人の道理によって定められる中庸である、と述べています。

　要するに、何が中庸であるかを示すのが思慮であるから、性格の徳には思慮が必要である、というのが、アリストテレスの考えです。したがって、人間は、習慣によって、そして、思慮にもとづいて、

性格の徳を身につける、というのが、アリストテレスの最終的な答えです。

── 徳、幸福、義務

徳こそ幸福である

　ここまで、アリストテレスの議論を中心に、徳について考えてきました。続いて、話を少し広げて、徳と幸福、徳と義務の関係について考えていきます。

　まず、徳と幸福の関係については、次のような意見があります。徳のある人が幸福な人とは限らないし、反対に、幸福な人が徳のある人とも限らない。それゆえ、徳があることと幸福であることは関係がない。

　たしかに、そのとおりかもしれません。たとえば、優しい人は、優しいがゆえに、他人に騙されたり、裏切られたりすることがあります。反対に、幸福な人のなかには、冷たい人もいますし、邪悪な人さえいます。徳のある人が不幸であったり、幸福な人が徳のない人や悪徳をもった人であったりすることは、むしろよくあるような気もします。

　しかし、そうした意見に対して、アリストテレスは、徳こそ幸福である、と主張しています。アリストテレスによると、幸福が人間にとって「最高善」であることは、すべての人が認めるところです。では、最高善とは何か。それは、人間としての能力を発揮すること、つまり、人間として優れていることです。そして、人間として「優れていること」とは、徳のことにほかなりません。したがって、徳

をもつことが、まさに、人間にとって幸福なのです。

　先の意見とアリストテレスの主張が異なるのは、幸福に対する見方が違うためです。前者にあっては、快楽、名誉、富といったものが幸福と見なされています。それに対して、アリストテレスは、おのれの魂が優れていることを幸福と捉えているのです。

　また、徳が幸福であることについて、次のように考えることもできます。たとえば、多くの人は、不正なことをしたくないと思っています。しかし、現実には、不正に近いことをしなければならないときもあります。そのようなときに、正義を貫けば、不遇になるかもしれません。それでも、正義を貫いたことは、大きな誇りと喜びを与えるものです。正義という徳をもち続けることは、それ自体で幸せなことなのです。

徳は義務か

　次に、徳と義務の関係については、次のような議論があります。たとえば、他人を助ける場合、多くの人は、自然な愛情や友情から、つまり、仁愛や友愛という徳にもとづいて、そうするだろう。だが、自分の状況や相手との関係によっては、気の進まないこともあるだろう。そのようなときでも、人は、「人間としてなすべきこと」として、すなわち、義務として、他人を助けなければならない。むしろ、義務として他人を助けることにこそ、道徳的な価値がある。

　このように論じているのはカントです。カントは、道徳を義務の問題と捉え、徳を行うことを義務として考えています。ですが、徳は義務である、というカントの考えに対しては、多くの異論が出されています。

　その一つは、徳にもとづいて行為することにこそ、道徳的な価値

がある、というものです。たしかに、気の進まないときでも、義務として、他人を助けるべきである。しかし、それは致し方のない場合である。本来は、仁愛や友愛という徳にもとづいて、他人を助けるべきである。他人を助けるという行為は、自然な愛情や友情からなされるからこそ、道徳的な価値をもつのである。義務感からなされる行為は、道徳的には、あまり評価されない。

また、義務にもとづいて徳を行うことは、もはや徳を行うことではない、という異論もあります。徳とは、優れた性格のことであり、徳を行うことは、そうした性格にもとづいて行為することである。だが、その行為を義務として行うとすれば、行為する人の性格はどうでもよいことになり、徳そのものが失われることになる。そのような行為には、徳は存在しない。

カントの議論とそれに対する異論との対立は、道徳に対する見方の違いから来ています。カントは、道徳を義務の問題と捉え、義務にもとづく行為を評価しています。それに対して、カントの議論に異を唱える人びとは、道徳をより広く捉え、行為のさまざまな動機や行為者の性格を重視しています。

道徳的に生きること

道徳をどう捉えるか、という問題は、見方を変えると、人間の道徳的な生き方をどう考えるか、という問題でもあります。では、「道徳的に生きる」とは、どういうことでしょうか。

これまで述べてきたとおり、人間がよく生きるうえで大切なものは、おもに、幸福、義務、徳の三つです。このうち、どれを重視するかによって、道徳的な生き方について、考えも変わってきます。

まず、幸福を重視する人びとは、次のように考えます。幸福は、

人間にとって最高の善であり、究極の目的である。それゆえ、幸福以外のものは、幸福という究極の目的のための手段である。道徳も、幸福のためにある。したがって、道徳的に生きることは、つまるところ、幸福という最高の善を求める、ということである。

それに対して、義務を重視する人びとは、次のように考えます。道徳は幸福とは別である。道徳的に生きることは、幸福を求めることではない。道徳は、幸福になるための手段ではなく、むしろ、幸福であるための条件である。それは、人間としてなすべきこと、すなわち、義務である。したがって、道徳的に生きることは、義務を義務としてなす、ということである。

さらに、徳を重視する人びとは、次のように考えます。道徳は、幸福や義務だけを問題にするのではない。最終的には、徳を、すなわち、人間がもつべき優れた性格を問題にする。したがって、道徳的に生きることは、たんに、幸福を求めることでも、義務をなすことでもなく、徳のある人になる、ということである。

このように、幸福、義務、徳のうち、どれを重視するかによって、道徳的な生き方について、考えが大きく異なります。ですが、どれか一つを選ばなければならない、という話ではありません。どれも人間がよく生きるうえで大切なものであり、どれを重視するかは、状況や場面によって変わってくるのです。

●── 徳の倫理

行為か、行為者か

幸福、義務、徳は、人間がよく生きるうえで大切なものですが、

そうであるがゆえに、「道徳の原理」として考えられています。そして、どれを道徳の原理とするかによって、倫理学は「幸福主義」「義務論」「徳倫理学」という三つの立場に分かれます。そのうち、幸福主義は、先に触れたとおり、現代の倫理学では、「帰結主義」の一つとされています。そこで、ここからは、帰結主義や義務論と比べながら、徳倫理学について見ることにします。

　帰結主義とは、行為の正しさを帰結の善さに求める立場です。帰結主義によると、正しい行為とは、善い帰結をもたらす行為です。それに対して、義務論とは、行為の正しさを義務との合致に求める立場です。義務論によると、正しい行為とは、それがもたらす帰結とは関わりなく、義務に合致した行為です。

　帰結主義と義務論は、行為の正しさをめぐって、鋭く対立しますが、両者には、共通点もあります。それは、「行為」を中心に考察する、という点です。そして、この点を批判するのが、徳倫理学にほかなりません。徳倫理学は次のように論じています。

　帰結主義や義務論はもっぱら行為について考察しているが、それだけでは不十分である。たとえば、「正しい」という言葉は、行為だけでなく、行為する人にも用いられる。つまり、道徳的な評価は、「行為」に対してだけでなく、「行為者」に対しても向けられる。それゆえ、行為者についても考察しなければならない。

　さらに、行為者と言っても、その「性格」を問題にしなければならない。たとえば、ある人の行為が「正しい行為」であるとしても、その人が「正しい人」であるとは限らない。「正しい人」であるためには、いつでも「正しい行為」をするような「性格」をもたなければならない。そして、「正しい行為」は、「正しい人」によるものでなければ、あまり評価されない。このように、道徳的な評価にあ

っては、行為者の性格が決定的に重要である。

　徳倫理学はこのように論じています。徳倫理学が問題にするのは、行為よりも行為者であり、より正確には、行為者の性格です。平たく言うと、徳倫理学は「どのような行為をするのか」よりも「どのような人になるのか」を問うものです。

徳倫理学

　では、徳倫理学とはどのような立場でしょうか。これまでの話から明らかなように、徳倫理学は、行為者の性格を考察の中心にします。そして、徳を道徳的な評価の基準にします。

　このような徳倫理学には、大きな特徴が二つあります。一つは、さまざまな道徳的な特性を扱う、という点です。道徳的な特性には、「善い／悪い」「正しい／正しくない」のほかにも、「優しい／冷たい」「誠実な／不誠実な」「賢い／愚か」など、数多くのものがあります。これらは、古来より、「徳」や「悪徳」と呼ばれてきたものです。徳倫理学は、善と悪、正と不正だけでなく、多様な特性を扱うことで、人間の道徳生活をより深く捉えることができます。

　もう一つは、道徳的な問題を個別的に扱う、という点です。道徳そのものは一般的ですが、道徳的な問題はケース・バイ・ケースであって、一般的に答えることができません。したがって、アリストテレスの言葉を借りると、「しかるべき時に、しかるべき事がらについて、しかるべき人に対して、しかるべき目的のために、しかるべき仕方で」、つまり、状況にふさわしい形で、対応しなければなりません。徳倫理学はまさにそれをめざすものです。

　そして、徳倫理学は、帰結主義や義務論が、道徳的な特性の多様性や、道徳的な問題の個別性を考慮しておらず、またそうすること

もできない、と断じています。

しかし、徳倫理学には、いくつかの問題もあります。たとえば、徳の対立という事態に対応できない、という問題です。複数の徳が対立するとき、どの徳を優先すべきか、徳倫理学はその基準をもっていません。ただし、この問題は、先に見た「一応の義務」という考えを、徳にも当てはめることで、解決することができます。

また、理論としての一般性をもちえない、という問題もあります。徳は時代や地域によって大きく異なります。つまり、徳は相対的なものです。だとすると、そのような徳にもとづいて、一般的な理論を打ち立てることは困難です。もっとも、同じことは幸福や義務についてもいえます。したがって、この問題はむしろ倫理学の理論に共通する問題です。

行為の評価をめぐって

徳倫理学には、さらに、行為をどう評価するのか、という問題もあります。

徳倫理学は、帰結主義や義務論が行為の正しさだけを論じていると批判しています。ですが、現実には、行為の正しさが問われることがよくあります。では、徳倫理学は、行為をどのように評価するのでしょうか。この問題をめぐっては、徳倫理学者のあいだで、意見が分かれています。

一部の徳倫理学者は次のように主張しています。行為の正しさだけを重視することは、ほかの道徳的な特性を軽視したり、無視したりすることにつながる。その結果、人間の道徳生活を理解することができなくなり、さらに、道徳生活そのものを狭めることになる。それゆえ、正/不正という特性の代わりに、ほかのさまざまな特性

によって行為を評価すべきである。

　それに対して、多くの徳倫理学者は次のように主張しています。行為の道徳的な特性のなかでも、正／不正という特性はとくに重要であり、それについて論じないわけにはいかない。そこで、徳倫理学としても、行為の正しさを問題にする必要があるが、帰結主義や義務論とは異なる仕方で、すなわち、「徳」によって行為の正しさを説明すべきであり、またそうすることは可能である。

　では、徳倫理学は行為の正しさをどのように説明するのでしょうか。徳倫理学の考えでは、正しい行為とは、徳のある人がなすような行為です。そして、徳のある人とは、徳のある行為をすることができる人です。

　ここで言う「正しい行為」は「徳のある行為」の一つです。そうすると、徳倫理学は、「徳のある行為とは、徳のある人がなす行為であり、徳のある人とは、徳のある行為をなす人である」と主張していることになります。この主張は堂々めぐりで意味のないものに思えますが、徳倫理学はあえてそう主張するのです。

　すでに述べたように、徳倫理学によると、徳は習慣によって、つまり、行為の反復によって獲得されます。人は、徳のある行為を繰り返すことで、徳のある人になります。習慣によって、しだいに、人は徳のある人になり、行為は徳のある行為になります。このことが、「徳のある行為とは、徳のある人がなす行為であり、徳のある人とは、徳のある行為をなす人である」という主張の意味するところです。そして、それが徳倫理学の基本的な精神なのです。

5
道徳判断

　人は、何気なく、あの人は善い人だ、とか、その行為は正しい、と言います。倫理学はそうした「道徳判断」についても論じます。たとえば、道徳判断はどのようにしてなされるのか、道徳判断はどのような判断なのか、道徳判断は客観的であるのか、といった問題について考えます。

●── 道徳判断の方法

理性か、感情か

　まず、道徳判断はどのようにしてなされるのか、という問題は、近代の倫理学では、道徳判断の「起源」の問題として、つまり、道徳判断を行う「能力」の問題として考えられました。この問題を扱う分野は「道徳的認識論」と呼ばれています。

　道徳的認識論には、おもな立場として、「合理論」と「感情論」があります。合理論とは、善と悪、正と不正、徳と悪徳は「理性」や「知性」によって知られる、という立場であり、感情論とは、それらは「感情」や「感覚」によって知られる、という立場です。感情論は合理論に反対して唱えられたものであり、代表的な思想家として、イギリスのヒュームやアダム・スミスがいます。

　では、合理論と感情論は、道徳判断をどのように説明しているのでしょうか。

合理論は、道徳判断が理性や知性にもとづくと考え、それを数学的な判断になぞらえています。合理論によると、理性や知性は、道徳に関して、自明な公理を見つけ、そこから定理を導きます。そして、公理や定理に照らして、ある行為を「善い／悪い」「正しい／正しくない」「徳である／悪徳である」と判断するのです。

　他方、感情論は、道徳判断が感情や感覚にもとづくと考え、それを美的な判断になぞらえています。感情論によると、人は、あるものを眺めて、それを「美しい／醜い」と感じるのと同じように、ある行為を眺めて、それを「善い／悪い」「正しい／正しくない」「徳である／悪徳である」と感じます。そのように感じることが、道徳的に判断することなのです。

　このように、合理論は数学的な判断を、感情論は美的な判断をモデルとして、道徳判断を説明しています。

対立の背景

　道徳判断の起源をめぐり、合理論と感情論は真っ向から対立しています。その背景には、両者の考え方の違いがあります。

　まず、合理論と感情論では、「理性」に対する考え方が違います。合理論にとって、理性は、ものごとを推理する「理論的な能力」であるだけでなく、善と悪、正と不正、徳と悪徳を認識し、行為を命令したり禁止したりする「実践的な能力」でもあります。他方、感情論にとって、理性は理論的な能力にすぎず、実践的な能力ではありません。

　また、合理論と感情論では、「人間」に対する考え方も違います。合理論は、人間は理性的な存在であって、理性が感情を支配することが人間の本来の姿である、と主張します。それに対して、感情論

は、人間は感情的な存在であって、理性が感情に従属することが人間の真の姿である、と主張します。

　さらに、合理論と感情論では、「道徳」に対する考え方も違います。合理論は、善と悪、正と不正、徳と悪徳は、客観的なものであり、それゆえに、理性によってのみ知られるものである、と論じます。それに対して、感情論は、善と悪、正と不正、徳と悪徳は、人間の感情に由来するものであり、その限りで、主観的なものである、と論じます。

　このように、合理論と感情論は、理性や人間や道徳に関して、まったく違う考え方をしています。そのために、道徳判断の起源をめぐり、両者は真っ向から対立するのです。

　近代の倫理学では、合理論者と感情論者のあいだで、活発な議論が交わされました。ですが、両者の考え方の違いのために、議論は平行線を辿りました。そして、近代の後半になると、倫理学の関心は「道徳判断の起源」から「道徳の原理」に移り、すべての人が認めるような道徳の原理とはどのようなものか、という問題が論じられるようになりました。その問題は、すでに見たとおり、現代の倫理学に受け継がれています。

道徳的に考えること

　ですが、現代の倫理学は、道徳判断はどのようにしてなされるのか、という問題について論じるのをやめたわけではありません。近代の倫理学とは異なる仕方で、つまり、道徳判断の「起源」の問題としてではなく、道徳判断の「方法」の問題として論じています。たとえば、イギリスのヘアは、「道徳的に考える」とはどういうことか、という問題について考察しています。

ヘアによると、道徳的思考は「直観的レベル」と「批判的レベ
ル」という二つの層から成っています。直観的レベルでは、個々の
場合に、さまざまな道徳原則にもとづいて、道徳判断を行います。
そして、批判的レベルでは、道徳原則に疑問が生じた場合や、道徳
原則が対立した場合に、道徳原則そのものを検討して、それらを正
当化したり選択したりします。

　要するに、道徳的に考えるとは、通常の場合には、道徳原則に拠
って直観的に判断し、例外的な場合には、道徳原則を批判的に検討
する、ということです。このようなヘアの考え方は「二層理論」と
呼ばれています。

　ヘアの二層理論において、とくに重要になるのは、批判的レベル
の道徳的思考です。では、批判的レベルでは、どのようにして道徳
原則を検討するのでしょうか。結論から言うと、ヘアは、功利原理
によって道徳原則を正当化したり選択したりすべきである、と主張
しています。

　ヘアはまず、道徳的思考は、道徳判断のもつ「普遍化可能性」と
いう特性によって規定される、と考えます。そのうえで、普遍化可
能性を「すべての人の利害を等しく考慮すべきである」という意味
に解します。すべての人の利害を等しく考慮することは、まさに、
功利原理が求めているものです。したがって、ヘアの考えでは、批
判的レベルの道徳的思考とは、じつのところ、功利原理にもとづい
て考える、ということなのです。

　このように、ヘアは、道徳判断や道徳的思考について考察するな
かで、功利主義を導いています。それは、普遍化可能性というカン
トの考えと功利主義を結びつける試みでもあります。

•── 道徳判断の特性

道徳判断はどのような判断か

　次に、現代の倫理学は、道徳判断の方法だけでなく、道徳判断の「特性」についても論じています。つまり、道徳判断はどのようにしてなされるのか、という問題だけでなく、そもそも、道徳判断はどのような判断なのか、という問題についても考察しています。この問題は、道徳判断は何を意味しているのか、あるいは、道徳判断によって何を意図しているのか、といった、道徳判断の「意味」や「意図」の問題でもあります。

　道徳判断は、「善い／悪い」「正しい／正しくない」「徳である／悪徳である」といった「道徳語」から成る判断です。そこで、道徳判断の特性について論じるためには、まず、道徳語について考えなければなりません。

　では、道徳語とはどのようなものでしょうか。「善い／悪い」「正しい／正しくない」「徳である／悪徳である」という言葉は、「大きい／小さい」「重い／軽い」といった言葉とは、性格が異なります。大きさや重さは、何かの「事実」を示す言葉です。それに対して、善と悪、正と不正、徳と悪徳は、事実を示すというよりも、ものごとの「価値」を示す言葉です。それらは「価値語」と呼ばれるものの一種です。

　そこで、道徳判断は、「事実」に関する判断ではなく、「価値」に関する判断ということになります。別の言い方をすると、道徳判断は、「である」という事実を示すものではなく、「べきである」という価値を示すものです。

ですが、ここで問題になるのは、「事実と価値」の関係です。た
とえば、ヒュームは、「である」と「べきである」は次元の異なる
ものであり、「である」から「べきである」を導くことはできない、
と主張しています。それに対して、ヒュームの考えに反対する人び
とは、事実について語るときには、何らかの価値観が前提されてい
るのであり、価値と切り離された純粋な事実は存在しない、と主張
しています。

　事実と価値はどのような関係にあるのか。この問いにどう答える
かによって、道徳判断についての考え方も変わってきます。

　「事実から価値を導くことができる、つまり、価値は事実にもと
づいており、事実に還元できる」と答える人びとは、「道徳判断は、
価値に関する判断ではあるが、じつのところ、事実に関する判断で
ある」と考えます。反対に、「事実から価値を導くことはできない、
つまり、価値は事実とは別のものであり、事実には還元できない」
と答える人びとは、「道徳判断は、あくまで価値に関する判断であ
って、事実に関する判断ではない」と考えます。

　そして、前者の考え方では、道徳判断は、事実に関する判断と同
じく、真偽を問うことができますが、後者の考え方では、真偽を問
うことはできません。前者の考え方は「認知主義」と、後者の考え
方は「非認知主義」と呼ばれています。

道徳判断は事実を述べる

　まず、認知主義とは、道徳判断は道徳的な事実を述べるものであ
る、という立場です。認知主義は「自然主義」と「非自然主義」に
分けられます。

　自然主義とは、道徳判断は「人間の本性」に、すなわち、人間に

関する自然的な事実にもとづいている、という立場です。自然主義によると、人間は、たとえば、「快い」と感じるもの、「欲している」もの、「必要」と思われるものを、「善い」ものと考えます。これらはいずれも、人間の本性に根ざすものであり、人間にとって自然な事実です。道徳判断はこうした事実を述べるものです。

　このような自然主義の考え方に対して、イギリスのムアは次のように批判しています。たしかに、「善いもの」は「快いもの」であるかもしれない。しかし、だからといって、「善い」とは「快い」ことである、ということにはならない。「快い」は、「善いもの」がもつ性質の一つではあっても、「善い」そのものではないからである。また、「快いもの」について、それは「善い」のか、と問うことができる。その意味でも、「善い」は「快い」ではない。

　ムア自身は、「善い」は定義できない、と考えています。そして、「善い」を定義しようとする誤りを、自然主義がしばしば犯すことから、「自然主義の誤り」と呼んでいます。

　では、ムアは「善い」をどのように捉えているのでしょうか。ムアによると、「善い」は、たとえば「黄色い」と同じく、単純な性質であり、「黄色い」を説明することができないように、「善い」を説明することはできません。それでも、人は、「黄色い」と同じく、「善い」を知っているのです。ただ、「黄色い」が自然的な性質であるのに対して、「善い」は非自然的な性質です。とはいえ、それは、「黄色い」と同じく、客観的な「事実」です。

　そこで、ムアの立場では、道徳判断は、もちろん価値に関する判断ではありますが、じつのところ、非自然的な事実に関する判断ということになります。その意味で、ムアの立場は非自然主義とされています。非自然主義とは、道徳判断は事実を述べるものであるが、

その事実は自然的な事実ではない、という立場です。

　また、ムアは、道徳判断は「直観」によって知られる、と述べています。そこで、ムアの立場は「直観主義」と呼ばれています。ただし、ムアが言いたいのは、道徳判断は証明できない、ということであって、それが何か特別な能力によって知られる、ということではありません。

道徳判断は感情や態度を表す

　次に、非認知主義とは、道徳判断は道徳的な事実を述べるものではない、という立場です。非認知主義には、「情動主義」と「指令主義」があります。

　情動主義とは、道徳判断は話し手の「感情」や「態度」を表すものである、という立場です。情動主義を唱えたイギリスのエアの考えでは、道徳判断は事実を述べるものではありません。なぜなら、それは検証することも、それゆえ、真偽を問うこともできないからです。では、道徳判断によって何をしているかというと、それは、道徳的な問題について、肯定／否定、賛成／反対、是認／否認、称賛／非難といった感情を表している、ということなのです。

　また、アメリカのスティーヴンソンによると、言語には、事実を述べるという働きと、感情や態度を表したり変えたりするという働きがあり、道徳判断には、その両方の働きがあります。ただし、道徳判断の特性は、前者よりもむしろ後者にあります。つまり、道徳判断の働きとは、たんに事実を述べることではなく、話し手が自分の感情や態度を表し、そうすることで、聞き手の感情や態度を変えることなのです。

　しかし、情動主義に対しては、道徳判断を非合理的なものと見な

している、という批判があります。情動主義の考えに従うと、道徳判断は、喜んだり、悲しんだり、怒ったり、訴えたりすることとあまり変わりのないものになります。その点で、情動主義は「ブー／フレー説」と呼ばれています。

　また、情動主義に対しては、道徳判断における不一致を合理的に解決することができない、という批判もあります。道徳的な問題について、人びとの判断が一致しない場合、情動主義の考えに従うと、結局のところ、説得や強迫によって、相手の感情や態度を変えるしかないことになります。

道徳判断は行為を命じる

　続いて、指令主義とは、道徳判断は聞き手に行為を命じるものである、つまり、聞き手に対する「命令」である、という立場です。この立場を唱えたのはヘアです。

　ヘアによると、道徳の言語の基本的な働きは、話し手の感情や態度を表したり、聞き手の感情や態度を変えたりすることではなく、聞き手に行為を命じることです。というのも、たとえば「～することは正しい」が「～しなさい」を意味するように、道徳の言語は「命令文」に言い換えることができるからです。

　ただ、「命じる」ことは「命令を表す」ことです。したがって、道徳判断によって表されるのが、感情や態度ではなく、命令である、という点では、指令主義は情動主義と異なりますが、道徳判断が何かを「表す」ものである、という点では、指令主義は情動主義と同じ立場にあります。そこで、最近では、両者を合わせて「表出主義」と呼ぶようになっています。

　しかし、そうすると、情動主義に対する批判は、指令主義にも当

てはまることになります。ヘアは、道徳判断の特性を明らかにすることで、そうした批判に応えています。

　ヘアの考えでは、道徳判断には、「指令性」という特性だけでなく、「普遍化可能性」という特性もあります。したがって、道徳判断によって示される命令は、たんなる命令と異なり、普遍化可能なものであり、それゆえに、合理的なものです。そして、道徳的な問題について、人びとの判断が一致しない場合でも、より普遍化可能なものを求めることで、判断を一致させることができるのです。このようなヘアの立場は「普遍的な指令主義」と呼ばれています。

•── 道徳判断は客観的か

道徳判断は客観的である

　道徳判断については、伝統的な問題として、道徳判断の客観性の問題があります。古来より、哲学者や思想家の多くは、道徳判断が客観的であると考えてきました。そのような考えは、道徳判断に関する「客観主義」と言われています。

　たとえば、自然の世界に普遍的な自然法則があるように、道徳の世界にも普遍的な道徳法則があって、それにもとづいた判断や、そこから導かれた判断は客観的である、という考えがあります。その典型は「自然法」という思想であり、カントの「道徳法則」もそうした考えに連なるものです。ただし、カントには、道徳判断は、普遍的な「理性」によってなされるがゆえに、客観的である、という考えもあり、むしろ、そちらがカントの立場です。

　また、善や悪、正や不正といった道徳的な性質は、人間という

「主観」のうちに存するのではなく、世界という「客観」のうちに存するのであり、それゆえに、そうした性質に関する判断は客観的である、という考えもあります。それは、簡単に言うと、道徳的な性質は客観的な世界に属するから、それについての判断も客観的である、というものです。「客観主義」は、狭い意味では、この考えを指します。

道徳判断は主観的である

　他方、道徳判断は主観的である、と考える哲学者や思想家もいます。そのような考えは、道徳判断に関する「主観主義」と言われています。

　主観主義は、普遍的な道徳法則という客観主義の考えを否定します。そして、善や悪、正や不正に関する規則は、人びとの同意や合意によって確立される、あるいは、人びとのあいだで自然に形成される、と考えます。この考えは「規約主義」と呼ばれています。

　また、主観主義は、客観主義とは反対に、善や悪、正や不正といった道徳的な性質は、世界という「客観」のうちに存するのではなく、人間という「主観」のうちに存するのであり、それゆえに、そうした性質に関する判断は主観的である、と考えます。そして、道徳的な性質は、人間の好悪にもとづいており、道徳判断によって表されているのは、人間の感情や態度である、と論じます。つまりは、道徳を「好み」や「趣味」の問題と見なします。

　ただし、好みや趣味を、個人的なものとするか、一般的なものとするかによって、主観主義のあいだでも、立場が分かれます。

　一部の主観主義者は次のように論じます。人は、自分が好むものを「善い」とか「正しい」と呼び、自分が嫌うものを「悪い」とか

「正しくない」と呼ぶ。したがって、道徳判断は、個人の価値観を示すものにすぎず、まったく主観的であって、客観的ではありえない。一般に「主観主義」と言うときには、この立場を指しており、その代表は情動主義です。

それに対して、多くの主観主義者は次のように論じます。人は、自分が好むものを「善い」とか「正しい」と呼び、自分が嫌うものを「悪い」とか「正しくない」と呼ぶ。ただし、そうした好悪は、人間の本性に根ざしており、いくらか共通している。したがって、道徳判断は、たんなる個人の価値観を示すものではなく、主観的ではあるが、一般的でありうる。この立場をとるのは、たとえば、感情論者のヒュームやスミスです。

•── 善悪は存在するのか

善悪は実在する

客観主義と主観主義の対立は、善や悪、正や不正といった道徳的な性質が、世界のうちに存すると考えるのか、それとも、人間のうちに存すると考えるのか、というところから来ています。この問題は、現代の倫理学では、道徳的な性質は実在するのか、それとも、実在しないのか、という問題として論じられています。実在すると考えるのが「道徳的実在論」であり、実在しないと考えるのが「道徳的反実在論」です。

道徳的な性質は実在する、という議論は古くからあり、その原型とされるのは、プラトンの「イデア」論です。イデアとは、観念や理念、本質や形相のことですが、プラトンは、そうしたものが、人

間の世界を超えたところにあって、永遠不変で、真に実在する、と考えています。そして、善のイデアというものがあって、個々の事物は、それを模範とし、それを分かちもつ限りで、善である、と論じています。

　現代の倫理学では、認知主義が実在論の立場をとっています。認知主義は、道徳判断を、道徳的な事実を述べるものと捉えます。したがって、その前提として、道徳的な事実が存在し、善や悪、正や不正といった道徳的な性質も実在する、と考えます。つまり、人間の心から独立して、道徳的な性質が客観的に存在する、と考えるのです。

　しかし、実在論に対しては、道徳を特異なものにしてしまう、という批判があります。イギリスのマッキーによると、道徳的な性質が客観的に存在するとすれば、それは、善のイデアのような、特異な実体であり、また、それを知るためには、特別な能力が必要になります。ですが、そのような特異な実体が存在するとは考えられませんし、それを知る特別な能力が人間にあるとも考えられません。

善悪は実在しない

　次に、現代の倫理学において、反実在論の立場をとるのが非認知主義です。非認知主義は、道徳判断を、道徳的な事実を述べるものではなく、話し手の感情や態度や命令を表すものと捉えます。したがって、道徳的な事実は存在せず、善や悪、正や不正といった道徳的な性質も実在しない、と考えます。

　では、反実在論にとって、道徳的な性質とは何でしょうか。それは人間のうちにのみ存するものです。「存する」といっても、「実在する」ということではなく、人間の心のうちに「生じる」というこ

とです。正確に言うと、道徳的な性質とは、心のうちに生じた感情や欲求を表現したものです。

また、イギリスのブラックバーンは次のように考えています。道徳の言語によって、人びとは、客観的な世界について述べていると思っているが、実際には、自分の感情や欲求を世界に投影しているにすぎない。つまり、道徳的な性質とは、世界の客観的な性質ではなく、感情や欲求を世界に投影したものにすぎない。ブラックバーンの考えは「投影説」と呼ばれています。

しかし、反実在論に対しては、道徳を主観的なものと見なしている、という批判があります。道徳的な性質が人間の心のうちに生じるものであるとすれば、それは個人によって異なることになります。もっとも、この批判に対しては、主観主義のように、道徳は一般的なものになりうる、と反論することができます。

また、反実在論は、道徳を無力なものにしてしまう、という批判もあります。道徳的な事実や性質が存在しないとすれば、また、道徳的な性質が感情や欲求の表現や投影にすぎないとすれば、道徳はその力を失う恐れがあります。

実在論と反実在論は、それぞれに対する批判に応えながら、さらに進化しており、両者の論争は現在も続いています。

•── 善悪を知る／行う

意志の弱さの問題

最後に、道徳判断に関わる別の問題について見ることにします。それは、道徳判断は行為を動機づけるのか、という問題です。たと

えば、あることが善いと知ることで、それを行うように動機づけられるか、あるいは、あることが悪いと知ることで、それを行わないように動機づけられるか、という問題です。

　この問題は、「意志の弱さ」の問題として、すでにソクラテスが論じています。ソクラテスによると、たとえば、徳について知っているとは、徳を行うことができる、ということです。このように、知識と行為は一つであり、真の知識は行為を導くのです。このような考えを「知行合一」説と言います。

　そこで、この考えに従うと、悪と知りつつ悪を行うことはありえません。悪を行うのは、それが悪であることを、ほんとうには知らないからです。

　それに対して、アリストテレスは、悪と知りつつ悪を行うことがありうる、と考えています。そして、それを「無抑制」の問題として論じています。もっとも、アリストテレス自身の立場は明確ではなく、解釈が分かれています。

道徳判断は行為を動機づけるか

　道徳判断は行為を動機づけるのか。この問題をめぐって、現代の倫理学は「内在主義」と「外在主義」という二つの立場に分かれます。内在主義とは、道徳判断は動機づけを含んでいる、という立場であり、外在主義とは、道徳判断と動機づけは独立している、という立場です。

　両者の違いは、「信念」「欲求」「行為」の関係をどのように見るのか、というところから来ています。ふつう、行為が成り立つためには、信念と欲求が必要とされます。たとえば、「あの人は駅にいる」という信念と「あの人に会いたい」という欲求があって、「あ

の人に会いに駅に行く」という行為が成り立ちます。

　ところが、内在主義は、信念だけで行為を動機づけることができる、と考えます。内在主義によると、たとえば、「約束を守ることは正しい」という信念は、それだけで、「約束を守る」という行為を動機づけることができます。なぜなら、「約束を守ることは正しい」という信念のうちには、「約束を守るべきである」という命令が含まれているからです。

　それに対して、外在主義は、信念だけで行為を動機づけることはできない、と考えます。外在主義によると、「約束を守ることは正しい」という信念だけでは、「約束を守る」という行為を動機づけることはできません。なぜなら、「約束を守る」という行為を動機づけるためには、たとえば「相手から信頼されたい」といった欲求が必要だからです。

　二つの説明を比べると、外在主義のほうが正しいように思えます。しかし、ここで問題になっているのは、道徳上の信念、すなわち、道徳判断です。

　これまで見てきたように、道徳判断には、事実を述べるという特性だけでなく、行為を命じるという特性や、感情や態度を表すという特性、欲求を投影するという特性も見られます。つまり、道徳の場合には、信念や判断のうちに、命令、感情や態度、欲求が含まれることがあります。したがって、道徳判断と動機づけのあいだには、強いつながりが考えられます。だとすると、外在主義のほうが道徳判断を正しく捉えていない、ということになります。

　内在主義と外在主義のどちらが正しいにしても、両者の対立は、道徳判断がいかに特殊なものであるかを示しています。

6

道徳

　倫理学は、道徳の原理や道徳判断だけでなく、「道徳」そのものについても論じます。具体的には、道徳とはどのような営みか、道徳はどうあるべきか、なぜ道徳的であるべきか、といった問題について考えます。

●—— 道徳批判

　まず、道徳とはどのような営みか、という問題ですが、それについて考えることは、たんに「道徳の本性」を説明することではなく、道徳の正体を明らかにすること、そして、道徳を批判することでもあります。ここでは、近代ドイツのニーチェとマルクス、現代イギリスのウィリアムズの議論について見ていきます。

道徳の系譜

　ニーチェは、道徳の変遷を辿り、道徳の起源を探っています。このような方法を、ニーチェは「系譜学」と名づけています。系譜学の目的は、「道徳の価値」を問題にすること、すなわち、道徳を批判することにあります。

　ニーチェによると、古代のギリシアやローマの道徳では、「優良」と「劣悪」が、つまり、優れているか、劣っているか、ということが、中心的な事がらでした。そして、高貴なものや高潔なもの

が優良とされ、卑俗なものや下劣なものが劣悪とされました。このような道徳を、ニーチェは「貴族道徳」と呼んでいます。それは、自己を肯定することを求める道徳です。

　それに対して、中世のキリスト教の道徳では、「善」と「悪」が、つまり、善いか、悪いか、ということが、中心的な事がらでした。そして、愛、同情、憐れみといった、非利己的なものが善とされ、そうしたものを欠いた、利己的なものが悪とされました。このような道徳を、ニーチェは「奴隷道徳」と呼んでいます。それは、自己を否定したり、犠牲にしたりすることを求める道徳です。

　そして、ヨーロッパでは、「道徳における奴隷一揆」が起こり、奴隷道徳が貴族道徳に取って代わったのです。

　ニーチェは、ヨーロッパにおける道徳の変遷をこのように説明したうえで、奴隷道徳の起源が「恨み」にあると主張しています。それによると、無力な奴隷は、強力な貴族に対して、自分たちの道徳を唱えました。その道徳では、卑しき者、力なき者、貧しき者こそ、善き者であり、貴き者、力ある者、富める者こそ、悪しき者です。そして、このように貴族を貶めることで、奴隷は、貴族に復讐し、自分たちの恨みを晴らそうとしたのです。

　ニーチェの議論で重要なのは、一つは、道徳の正体を明らかにしようとしたことです。ニーチェの考えでは、キリスト教の道徳は恨みの産物であり、一種の「力」です。そして、もう一つは、道徳を相対化しようとしたことです。ニーチェによると、古代の道徳のように、優良と劣悪を中心とする道徳もあるわけですから、キリスト教の道徳のように、善と悪を中心とする道徳は、絶対的なものではありません。

　もっとも、ニーチェの道徳批判は、キリスト教の道徳に向けられ

たものです。したがって、道徳は恨みの産物であり、一種の力である、という考えが正しいとしても、それは、キリスト教の道徳にしか当てはまりません。道徳そのものを批判するためには、道徳の外に基準や立場を求める必要がありますが、残念ながら、ニーチェはそうした基準や立場をはっきりとは示していません。

道徳というイデオロギー

　マルクスは、道徳を「イデオロギー」の一つと考えています。イデオロギーとは、社会のあり方によって規定された、人間の考え方のことです。マルクスは、法律や政治、哲学や宗教、芸術や道徳をイデオロギーと見なしています。

　マルクスによると、社会は「下部構造」と「上部構造」から成っています。下部構造は社会の土台であり、その上に成立するのが上部構造です。具体的に言うと、社会の土台は経済です。そして、経済の上に、法律や政治が成立します。さらに、法律や政治に対応して、哲学や宗教、芸術や道徳が成立します。

　したがって、法律や政治、哲学や宗教、芸術や道徳は、経済によって規定されます。つまり、人間の考え方は、社会の経済的なあり方によって規定されます。そして、経済のあり方が変わると、それに伴って、人間の考え方も変わります。その意味で、マルクスはそれをイデオロギーと呼ぶのです。

　そこで、マルクスの考えに従うと、道徳は、イデオロギーの一つですから、経済のあり方によって規定されており、経済のあり方が変わると、それに伴って変わる、ということになります。もっと強く言うと、善や悪、正や不正は経済によって決まる、あるいは、経済しだいである、ということになります。

しかし、マルクスの考えに対しては、社会の経済的なあり方が一方的に人間の考え方を規定するわけではなく、その逆もある、という批判があります。たとえば、ドイツの社会学者ウェーバーは、マルクスの考えに反対して、中世末期のプロテスタンティズムというキリスト教の考え方が、近代の資本主義という経済のあり方を形成した、と論じています。

たしかに、マルクスのように、社会の経済的なあり方が人間の考え方を決定すると考えるのは、明らかに行き過ぎです。しかし、道徳は社会のあり方によって制約される、と控えめに言うことはできます。その点で、マルクスの議論はやはり重要です。

道徳という特異な考え方

ウィリアムズは、近代の倫理学を批判し、さらに、道徳という近代に特有の考え方を問題にしています。

ウィリアムズによると、近代の倫理学は、すべての人を等しく扱うという「非個人的」な観点をとることを求めます。しかし、人には、自分の個人的な目的や、他人との個人的な関係もあります。非個人的な観点をとることは、それらを無視したり、犠牲にしたりすることになり、ひいては、個人としての「統合性」、すなわち、一つのまとまりとしての自己を失わせることになるのです。

ウィリアムズはさらに、道徳そのものが特異な考え方であることを示し、それを批判しています。

まず、道徳は「義務」を誤って捉えています。義務はさまざまな倫理的な考慮の一つにすぎません。にもかかわらず、道徳は、義務を絶対的なものと考えます。そして、義務を超えることができるのは義務だけであると考えます。

また、道徳は、「〜しなければならない」という「実践的な必然性」も誤って捉えています。人は、道徳に関係のない事がらについても、「〜しなければならない」と考えます。ところが、道徳は、そうした実践的な必然性を、道徳に関する事がらに、すなわち、義務に特有のものと考えます。

　さらに、道徳は、「純粋さ」を求めて、義務でないものを、たんなる欲求として、あるいは、自由な意志にもとづかないものを、強制されたものして排除します。しかし、現実の世界では、「運」という問題もあります。そこで、道徳は、運を超えることのできるものを探します。ですが、そのようなものは存在しません。

　ウィリアムズは、道徳をこのように批判して、道徳という特異な考え方から抜け出すことを提唱しています。それに対しては、危惧や反発もありますが、ウィリアムズ自身は、道徳に代わるものとして、多様な考慮を含む「倫理」というものを考えています。

── 道徳はどうあるべきか

道徳批判にどう応えるか

　では、こうした道徳批判に対して、どのように応えればよいのでしょうか。

　ニーチェの批判は、道徳は、非利己的なものを善とし、利己的なものを悪として、自己否定や自己犠牲を求めるが、それは見せかけであって、じつは、恨みを晴らしたり、力を行使したりするのである、というものでした。ですが、このことは、見せかけではない「ほんとうの道徳」というものが存在しうることを示しています。

じっさい、ニーチェは貴族道徳を認めています。それは、自己肯定をめざす、人間の生き方としての道徳です。

次に、マルクスの批判は、道徳は、社会のあり方に規定された、イデオロギーの一つにすぎない、というものでした。ですが、マルクスは、だからこそ、人間がよく生きるためには、社会のあり方を変えなければならない、と考えていました。だとすると、人間のよき生き方というものがあって、それは社会のあり方に関わっている、とマルクスは考えていたのです。この「人間のよき生き方」を広い意味で「道徳」と呼ぶことは十分に可能です。

また、ウィリアムズの批判は、道徳は、義務を絶対的なものと見なす、特異な考え方である、というものでした。たしかに、ウィリアムズの言うように、現代の「道徳」は義務を絶対視しているかもしれません。しかし、かつてはそうでなかったのであり、そのことはウィリアムズも認めています。したがって、求められているのは、道徳を棄てることではなく、道徳を広く捉え直すことです。

ニーチェ、マルクス、ウィリアムズの道徳批判に対しては、このように応えることができます。ですが、それは十分ではありません。道徳批判に応えるには、さらに、道徳のあり方について考えることも必要です。

それでは、道徳はどうあるべきでしょうか。道徳批判をふまえれば、求められているのは、第一に、道徳は「人間の生き方」を示すものでなければならない、ということであり、第二に、道徳は「社会のあり方」に関わるものでなければならない、ということです。

人間、社会、道徳

では、どのようにすれば、道徳を、人間の生き方を示し、社会の

あり方に関わるものと考えることができるのでしょうか。その手がかりとして、近代ドイツのヘーゲルと近代イギリスのブラッドリーの議論があります。

　ヘーゲルは、個人の義務だけを問題にする、カントの「道徳」を批判したうえで、「人倫」について論じています。人倫とは、簡単に言うと、共同体やその秩序のことです。ヘーゲルによると、人間は、孤立的な存在として生きているのではなく、共同体の一員として生きているのです。

　ブラッドリーは、ヘーゲルの議論をもとに、人間の「自己実現」について論じています。ブラッドリーによると、人間の目的は、自己を実現することです。そして、人間は社会の一員として生きています。したがって、人間が実現すべき自己は、孤立的な自己ではなく、社会的な自己なのです。

　そこで、ヘーゲルとブラッドリーの議論を合わせると、人間は社会の一員として生きており、社会の一員として生きることが、人間のあるべき生き方である、ということになります。では、この議論に従うとすれば、道徳はどのように考えられるのでしょうか。

　道徳は、人間が社会の一員として守るべきルールであり、その意味で、社会のあり方に関わるものです。そして、それを守ることで、人間は社会の一員として生きることができます。さらに、社会の一員として生きることが、人間のあるべき生き方です。したがって、道徳は、人間のあるべき生き方を示すものでもあります。

　このように、ヘーゲルとブラッドリーの議論に従うならば、道徳を、人間の生き方を示し、社会のあり方に関わるものと考えることができます。

　しかし、ヘーゲルとブラッドリーの議論に対しては、さまざまな

批判があります。とくに重要なのは、次のような批判です。たしかに、人間は社会の一員として生きている。しかし、だからといって、社会の一員として生きることが、人間のあるべき生き方である、ということにはならない。なぜなら、それだけが人間の生き方ではないからである。

そこで、この批判が正しいとすれば、道徳が人間の生き方を示すものであるとしても、それは社会の一員としての人間にしか当てはまらない、ということになります。

ここで問題になっているのは、人間はどこまで社会的な存在か、ということです。ヘーゲルとブラッドリーは、人間はどこまでも社会的な存在である、と考えています。しかし、そう考えない人びとにとっては、かれらの議論は受け入れがたいものです。

• ── なぜ道徳的であるべきか

道徳の理由

次に、なぜ道徳的であるべきか、という問題があります。それは、道徳はどうあるべきか、という問題とは次元が異なります。道徳はどうあるべきか、という問題は、道徳の価値を認めたうえで、その中身を問うものです。それに対して、なぜ道徳的であるべきか、という問題は、道徳の価値そのものを問うものです。別の言い方をすると、前者は道徳の内側から発せられる問いであり、後者は道徳の外側から発せられる問いです。

なぜ道徳的であるべきか、という問題は、「道徳の理由」と名づけられています。この問いには主語がありません。そこで、「わた

したち」を主語とするか、「わたし」を主語とするかによって、議論の仕方が変わってきます。

　まず、なぜ「わたしたち」は道徳的であるべきなのでしょうか。この問いに対しては、道徳のない世界と道徳のある世界を比べることで、いくらか答えることができます。

　道徳がなければ、わたしたちはお互いにうまく付き合っていくことができません。他人から危害を加えられても、それを責めることもできません。そうすると、受け入れるか、やり返すか、逃げ出すしかありません。それは、言ってみれば、戦争の状態です。逆に、道徳があれば、わたしたちはお互いを規制することができます。さらに、お互いを信頼し、協力しあうこともできます。それは、秩序のある、平和な状態です。

　だとすると、道徳は、わたしたちにとって必要なもの、あるいは、有益なものです。これが、なぜわたしたちは道徳的であるべきか、という問いに対する一つの答えです。

　もっとも、この答えは、道徳が社会にとって必要であり、有益であることを述べているにすぎません。したがって、個人が道徳的であることの理由にはなりません。

「自分の利益になるから」だけか

　では、なぜ「わたし」は道徳的であるべきなのでしょうか。それに対する有力な答えは、道徳的であることが、自分の利益になるから、というものです。たとえば、「約束を守るのは、信頼を得たいから」「他人を助けるのは、お返しが欲しいから」という場合には、「私益」が道徳の理由になっています。

　「徳は得なり」という言い方もあるように、この答えは一般的で

す。では、それ以外に、答えはあるのでしょうか。

　たとえば、プラトンやアリストテレスは、正義を守ってこそ、幸福が得られる、あるいは、正義を守ることにこそ、幸福がある、と主張しています。この主張は、「正義」を「道徳」に、「幸福」を「利益」に置き換えると、道徳の理由に関する一つの主張になります。つまり、道徳を守ってこそ、利益が得られる、あるいは、道徳を守ることにこそ、利益がある、というものです。しかし、それは、結局のところ、道徳の理由を私益から導くものです。

　また、カントの立場に立てば、次のような答えになります。人間は本来、理性的な存在である。そして、理性が命じるのが道徳である。したがって、人間は道徳的に生きるべきである。つまり、道徳的であるべきなのは、それが人間の本来のあり方だからである、という答えです。しかし、それは、道徳的な生き方を絶対視することで、道徳の理由という道徳の外側からの問いに、道徳の内側から答えようとするものであり、説得力がありません。

　同じようなやり方は、ブラッドリーにも見られます。人間は自己の実現を目的にしており、その自己は社会的な自己である。そして、道徳は社会にとって必要なものである。したがって、人間が道徳的であるのは、当然のことである。ブラッドリーはこのように論じて、なぜ道徳的であるべきかと問うことが誤りである、と断じています。その議論は、人間の社会性を絶対視することで、道徳の理由という問いを退けようとするものです。

　カントやブラッドリーのように、人間の道徳性や社会性を絶対視することは、道徳の外側に立つことを認めないことであり、現実的ではありません。なぜなら、道徳的な生き方のほかにも、さまざまな生き方があるからです。

そこで、そのことをふまえて、次のように答えることはできます。問題は、どのように生きるのか、どのような人間になるのか、である。そして、道徳的な生き方は、さまざまな生き方のうちでも、価値のある生き方である。したがって、よい生き方の一部として選ばれるべきものである。

　この答えは、自分の利益になるから、という答えと似ています。しかし、利益よりも広い「価値」という観点から、道徳の理由を示そうとするものです。利益を求める生き方も、道徳的な生き方とともに、さまざまな生き方のうちに含まれているのです。

•── 道徳と利益

道徳は私益にもとづく

　とはいえ、道徳の理由として、自分の利益になるから、という答えはやはり有力です。じつは、この答えの背後には、「利己主義」という思想があります。

　利己主義には、「心理的な利己主義」と「倫理的な利己主義」があります。前者は、人間は自分の利益だけを求めるものである、という立場であり、後者は、人間は自分の利益だけを求めるべきである、という立場です。そして、前者は、道徳が私益にもとづくと考え、後者は、道徳が私益にもとづくべきであると考えます。代表的な思想家として、前者には、近代イギリスのホッブズが、後者には、現代アメリカのランドがいます。

　心理的な利己主義は、すべての欲求は、自己から生じるがゆえに、利己的である、と主張します。たしかに、すべての欲求は自己から

生じます。しかし、問題になるのは、何を欲するか、ということです。欲求の対象が自分の利益であるなら、その欲求は利己的かもしれません。ですが、欲求の対象が他人の利益であるなら、その欲求はまさに利他的なのです。

また、心理的な利己主義は、すべての行為は、自己満足を生み出すがゆえに、利己的である、と主張します。たしかに、行為が自己満足を生み出すことは事実です。しかし、人はふつう、自己満足を求めて行為しているのではありません。何かを欲し、それが満たされたときに、自己満足を感じるのです。また、自己満足を求めて行為しているとしても、行為の対象が他人の利益であるなら、その行為は十分に利他的なのです。

もっとも、このように言うと、心理的な利己主義は、そうした利他的な行為のうちに、利己的な動機が隠れている、と反論します。たしかに、お返しが欲しいから他人を助けるという場合は、そのとおりです。しかし、そういう場合があるからといって、利他的な行為のうちに、利己的な動機がつねに隠れている、ということにはなりません。

このように、心理的な利己主義には問題があります。したがって、道徳が私益にもとづくと考えることは、難しいように思えます。

道徳は私益にもとづくべきである

次に、倫理的な利己主義は、道徳が私益にもとづくべきであると考えます。それは、道徳が「公益」にもとづくべきであると考える「利他主義」に反対するからです。

ランドによると、利他主義とは、人間は他人の利益だけを求めるべきである、という立場です。それは、私益を犠牲にして、公益を

追求することを、人びとに強制するものであり、個人の価値を否定するものです。そこで、倫理的な利己主義は、個人の価値を守るために、利他主義とは反対に、人間は自分の利益だけを求めるべきである、と考えるのです。

　しかし、利他主義は、利己主義が捉えるような、極端な立場ではありません。それは、人間は他人の利益を求めるべきである、という立場であって、他人の利益だけを求めるべきである、という立場ではありません。だとすると、利己主義は、みずからを利他主義の反対と捉えるわけですから、人間は自分の利益を求めるべきである、という立場になります。

　もっとも、利己主義をこのように捉えたからといって、その立場が弱まるわけではありません。利己主義は、自分の利益と他人の利益が対立するときには、自分の利益を優先すべきである、と主張するからです。それは、いぜんとして強力な思想です。

道徳は公益にもとづくべきである

　他方、利他主義とは、今しがた述べたように、他人の利益を求めるべきである、という立場です。それは、道徳が公益にもとづくべきであると考えます。そして、自分と他人の利益が対立するときには、他人の利益を優先すべきである、と主張します。

　ですが、どうして他人の利益を優先すべきなのでしょうか。利他主義はそのことを示さなければなりません。

　この問いに対して、人間が生まれつき利他的であることを強調したところで、答えにはなりません。では、利他主義には、どのような説明がありうるのでしょうか。言い換えると、利他主義にとって、何が「道徳の理由」なのでしょうか。現代アメリカのネーゲルは、

この問題に一つの解答を与えています。

　ネーゲルは次のように論じています。利他主義の可能性はどこにあるのか。それは、他人が目の前にいること、そして、自分が人びとのなかの一人にすぎないことを自覚するところにある。それによって、人は、自分の利益が特別なものではなく、他人の利益が自分の利益と同じく重要なものであることに気づき、自分の利益と同じように他人の利益を求めるべきであると感じるのである。

　つまり、他人の利益は自分の利益と同じく重要である、ということが、利他主義にとっての「道徳の理由」なのです。

道徳は利益にもとづくべきではない

　道徳は私益にもとづくべきか、公益にもとづくべきか。この問いをめぐって、利己主義と利他主義は真っ向から対立しています。ですが、じつは、両者はともに、道徳が「利益」にもとづくべきであると考えています。その点では、両者は一致しています。

　そこで、当然ながら、道徳は利益にもとづくべきではない、という考えもありえます。じっさい、カントはそのように考えています。カントによると、利益に関する命令が「…したいのなら、～せよ」という形をとるのに対して、道徳に関する命令は「～せよ」という形をとります。つまり、道徳は無条件に命じるものであり、そこに道徳の本質があります。したがって、道徳は利益とは別であり、利益にもとづくべきではないのです。

　「道徳と利益」の問題は、以前に紹介した「義務と幸福」の問題と重なります。幸福主義が、義務は幸福のためにあり、幸福のためになされるべきである、と主張するのに対して、義務論は、義務は幸福とは別であり、それ自体としてなされるべきである、と主張し

ます。道徳と利益についても、これと同じ対立が見られます。

　どちらの立場が正しいかを決めるのは困難です。ただ、次のように言うことはできます。道徳的な生き方も、利益を求める生き方も、さまざまな生き方の一つであり、両者とも、価値のある生き方として、よい生き方の一部になることができます。したがって、重要なのは、一方を選ぶことや、一方を他方にもとづけることよりも、両者を、よい生き方のうちに位置づけることです。

●── 道徳と文化

道徳は文化によって異なる

　最後に、道徳に関わる問題として、「相対主義」について見ておきます。相対主義とは、道徳的な真理や価値は相対的である、という立場です。それは、先に見た、道徳判断に関する主観主義とも重なります。

　さまざま相対主義のなかでも重要なのは、道徳に関する「文化相対主義」です。それは、文化が異なれば、道徳も異なるから、道徳に関して、絶対的な真理や価値は存在しない、という立場です。

　このような立場は、たとえば、ソフィストによって唱えられています。ソフィストは、「ピュシス」と「ノモス」を区別して、前者は絶対的であるが、後者は相対的である、と考えています。ピュシスとは「自然」のことであり、ノモスとは「人為」、すなわち、人間が作った法律、制度、慣習のことです。ソフィストは、諸国を遍歴し、異なる文化を体験して、このような考えに至っています。

　さらに、文化相対主義は次のように主張しています。絶対的な真

理や価値が存在しないのだから、ある文化の道徳が別の文化の道徳よりも優れている／劣っていると言うことはできない。また、ある文化において、善悪を決めるのは、その文化の道徳である。

道徳は相対的か

　文化相対主義は、まず、次のように批判されています。たしかに、道徳は文化によって異なっている。しかし、だからといって、道徳に関して、絶対的な真理や価値が存在しない、ということにはならない。なぜなら、二つの異なる道徳のうち、どちらかが明らかに正しくないこともありうるからである。

　また、ソクラテスやプラトンは、ソフィストの考えに反対して、こう論じています。ノモスは、ピュシスと異なるけれども、ピュシスとつながっている。つまり、ピュシスにもとづいて作られるのである。したがって、ノモスはけっして相対的ではない。ソクラテスやプラトンはこのように論じて、道徳的な真理や価値が絶対的であると主張しています。

　さらに、現代アメリカのレイチェルズは、文化相対主義がもたらす問題を示すことで、それを退けています。レイチェルズによると、文化相対主義を受け入れるとすれば、第一に、ある文化の非人道的な行為を非難することができなくなります。第二に、自分の文化の道徳を批判することも禁止されます。そして、第三に、道徳的な進歩というものが疑わしくなります。

　ただし、レイチェルズは、文化相対主義は道徳上の独断に対する解毒剤になっており、多くの習俗が文化の産物にすぎないという考えは、受け継がれるべきである、と論じています。

7
自己と他者

　人は他人と関わりながら生きています。他人と関わらずに生きていくことはできません。では、他人とともに、あるいは、他人のために、どのように生きるべきでしょうか。倫理学は、こうした「自己と他者」をめぐる問題についても考えます。ここでは、近代以降の倫理学の歴史に即して、この問題について見ていきます。

•— 自己という主体

近代的な自己

　近代の哲学者や思想家の多くは、まず自己について考え、そのうえで他者について考えました。「近代的な自己」の原型を作ったのは、フランスのデカルトです。

　デカルトは、真理を求めるなかで、自己について新たな考えに至っています。デカルトによると、真理を見つけるためには、まず、すべてを疑わなければなりません。そうすると、感覚や経験によって得られた知識はもちろん、数学の知識も疑わしいので、真理とはいえません。しかし、そのように疑っている「わたし」は、疑うことのできないものです。したがって、「わたしは考える、ゆえに、わたしは存在する」こそ、真理なのです。

　デカルトはこのように論じて、「考えるわたし」の存在を、あらゆる真理の基礎としています。「わたしは考える、ゆえに、わたし

は存在する」は、ラテン語で「コギト・エルゴ・スム」と言います。そこで、「考えるわたし」は「コギト」と呼ばれています。

　では、「考えるわたし」とはどのような存在でしょうか。デカルトによると、それは、世界とは区別され、世界から独立した存在です。世界とは、わたしの身体や、身体の外にある自然、つまり、物体のことです。したがって、「考えるわたし」とは、物体とは区別され、物体から独立した存在、すなわち、「精神」のことです。

　それでは、精神とは何でしょうか。デカルトによると、それは、考えることを本性とするもの、すなわち、「理性」です。デカルトは、理性を「良識」と呼び直して、「良識はこの世で最も公平に分配されているものである」と述べています。この言葉は「思想における人権宣言」と称されています。

　デカルトにとって、「考えるわたし」とは精神のことであり、精神とは理性のことです。このように、デカルトは自己を理性的な存在と捉えています。近代的な自己とは、そうした理性的な存在のことです。

主体としての自己

　また、イギリスのロックは次のように考えています。神は人間に理性を与えた。したがって、理性をもつ限りで、人間は自由で平等である。また、理性をもつがゆえに、教育を受ければ、人間は賢明になることができる。ロックはこのように、人間が理性的な存在であることから、人間の自由や平等を導いています。

　そして、ロックの考えに影響を受けたのが、ヴォルテールをはじめとするフランスの思想家たちでした。かれらは、人間が自由で平等な存在であると主張して、フランスの旧体制を打倒しようとしま

した。その思想は「啓蒙主義」と呼ばれています。そして、その人間観はフランス革命の「人権宣言」に集約されています。

「啓蒙」とは、理性によって真理を知り、無知や偏見から脱することです。それは、フランス語では「光」と同じ言葉です。啓蒙思想家たちは、理性という光に照らして、旧来の伝統や権威を批判し、新たな思想を確立しようとしたのです。

では、啓蒙主義にとって、人間とはどのような存在でしょうか。啓蒙主義の考えでは、人間は、伝統や権威に縛られず、自分の理性に従って、みずから思考し、判断し、行動することのできる存在です。そのような自立した存在は「主体」と言われます。つまり、啓蒙主義は人間を主体として考えています。近代的な自己は、そのような主体でもあります。

この「主体としての自己」という考えは、カントによって、さらに展開されました。カントも啓蒙思想家の一人です。先に見たとおり、カントの考えでは、人間は理性的な存在であり、理性によってみずから法則を立て、それに従うことができます。カントは、そのことを「自律」と名づけ、そうした自律的な存在を「人格」と呼んでいます。そして、人間が人格であることのうちに、その「尊厳」を見出しています。

このように、啓蒙主義は人間を主体として考えています。そして、そこから、人間が主体という点で同じであると論じています。言い換えると、人間の主体性をもとに、人間の同一性や普遍性を唱えています。

承認をめぐる闘い

では、主体としての自己は、他者とどのように関わるのでしょ

か。あるいは、主体どうしの関係とはどのようなものでしょうか。主体どうしであれば、良好な関係が築かれる、というわけでありません。理性的であることが、自由で平等であることが、かえって、対立や争いを生じさせることもあるからです。

そこで、たとえば、アダム・スミスは、人間関係が共感を通じて形成されると論じています。スミスによると、人間には、生まれつき、他人から共感されたいという欲求があります。そこで、人間は、他人から共感されるために、自分の情念をみずから抑えるようになります。その結果、他人と良好な関係が形成されるのです。ですが、スミスの議論は、主体どうしの対立や争いという問題を十分に捉えてはいません。

それに対して、ヘーゲルは、そうした対立や争いをむしろ問題にしています。そして、主体どうしの関係について、次のように論じています。

人間には、他人に自分を承認させたいという欲求がある。そこで、人間は、他人に自分を承認させるために、生死を賭けて闘うことになる。そして、承認をめぐる闘いで勝った者は、相手に自分を承認させて、主人となり、負けた者は、相手を承認して、奴隷となる。こうして、主人と奴隷という関係が成立する。

ところが、主人は、奴隷の労働に依存することになり、反対に、奴隷は、自分の労働を通じて自立することになる。その結果、主人と奴隷の転倒が生じる。だが、人間は、こうした矛盾した関係に代わる、新たな関係があることに気づくようになる。それは、お互いを承認する、という関係である。

ヘーゲルはこのように論じて、「相互承認」を、主体どうしの関係として唱えています。それは、ヘーゲルの言葉を借りると、「わ

たし」とは「わたしたち」のことであり、「わたしたち」とは「わたし」のことである、といえるような関係です。

•—— 主体性を求めて

この「わたし」

　啓蒙主義は人間を主体として考えました。しかし、近代の社会は、人間に主体性を与えるどころか、人間から主体性を奪いました。そこで、啓蒙主義とは異なる仕方で、人間の主体性を確立しようとする思想が現れました。それは「実存主義」という思想です。

　「実存」とは「現実の存在」のことです。それは、ほかの誰でもない、この「わたし」のような、現実に存在している、個別的なものです。啓蒙主義は人間を普遍的に捉えました。ですが、そのために、人間を個別的に捉えることがなくなり、結果として、人間の主体性が失われました。実存主義はこのように考えて、むしろ人間の個別性に目を向けることで、人間の主体性の確立をめざそうとしました。

　実存主義の先駆者とされるのは、デンマークのキルケゴールです。キルケゴールによると、人間は、神から離れて、自己を見失ったり、自己を否定したり、自己に固執したりします。それは、「絶望」という「死に至る病」です。しかし、そのような絶望を経て、人間は、神に辿りつき、「単独者」として神に前に立ちます。そして、神を信じることで、主体的に生きようとします。

　また、ニーチェも、実存主義の先駆者とされています。ニーチェによると、あらゆる生は力を求めます。生の本質は「力への意志」

にあります。そして、力への意志を体現するのが「超人」です。超人は、力への意志にもとづいて、みずから価値を創造します。そして、永遠に回帰する虚無の世界にあって、おのれの運命を受け入れ、むしろ積極的に生きようとします。

キルケゴールの「単独者」も、ニーチェの「超人」も、人間のあり方を根本から問い直すものです。かれらの思想は実存主義に大きな影響を与えています。

本来の自己

実存主義の代表的な思想家とされるのは、ドイツのハイデガーです。ハイデガーは、人間のあり方について、以下のように論じています。

人間は、自分が存在することを理解し、また、それがどういうことかを問うことができる「現存在」である。現存在である人間は、世界に投げ入れられた「世界内存在」であり、世界のなかで他者と関わりながら生きている。だが、同時に、自分を世界に投げ入れることで、自分の可能性を実現していく。それが人間の本来的なあり方である。

しかし、人間は、他者を気づかいすぎるあまり、自分を見失い、「ひと」へと退落してしまう。「ひと」とは、誰でもないもの、つまり、個別的でない、匿名の存在のことである。それは人間の非本来的なあり方である。

それでも、そこから脱することはできる。人間は自分の存在に対して不安を感じている。それは「死」への不安である。死は、誰かに代わってもらうことのできないもの、自分だけに関わるものである。この死への不安によって、人間は、自分が「死への存在」であ

り、個別的な存在であることに気づく。そして、人間には「良心」がある。それは本来的な自己の呼び声である。この良心の呼び声に従って、人間は本来的なあり方を取り戻そうと決意するのである。

　以上のように、ハイデガーは、「存在」をキーワードにして、人間のあり方について論じています。

　では、自己と他者の関係について、ハイデガーはどのように考えているのでしょうか。ハイデガーによると、自己は世界の内に存在していますが、単独で存在しているのではありません。すでに「共存在」として、すなわち、他者とともに世界に参与するものとして存在しているのです。つまり、自己は、他者と出会うことで共存在になるのではなく、共存在であるがゆえに他者と出会うのです。

　このように、ハイデガーは、自己の存在が他者によって規定されるものであると考えています。したがって、ハイデガーの考える自己は、近代的な自己とは原理的に異なるものです。

自由と責任

　次に、フランスのサルトルも、実存主義を代表する思想家です。サルトルは、人間のあり方について、以下のように論じています。

　人間のあり方は独特である。たとえば、ナイフには、ものを切るという本質があって、それにもとづいて、ナイフが作られる。つまり、本質が存在に先立つ。それに対して、人間には、そのような本質はない。人間は、まず実存しており、自分でその本質を作る。つまり、実存が本質に先立つ。人間は、はじめは何ものでもなく、のちに人間になるのであり、自分の作ったものになるのである。

　このように、人間は「自由」である。というよりも、自由でしかありえない。言ってみれば、自由の刑に処せられている。なぜなら、

人間を世界に投げ入れたのは、人間自身ではないのに、世界に投げ入れられた以上、人間は自分の行いに対して「責任」を負わなければならないからである。

　だが、人間が自由である、ということは、人間が自分を超えることができる、ということでもある。それは、現在の自己を否定し、自分を未来に投げ入れ、新たな自己を作ることができる、ということである。これこそ、実存としての人間のあり方である。

　そして、人間は、自分に対して責任を負う。なぜなら、自分のあり方を自分で選択したからである。さらに、全人類に対しても責任を負う。なぜなら、自分のあり方を選択したことで、同時に、人間のあり方を選択したからである。自分のあり方を選択することは、全人類を拘束することでもある。そして、そのような仕方で、社会に参加することでもある。

　以上のように、サルトルは、「自由」と「責任」をキーワードにして、人間のあり方について論じています。

　では、自己と他者の関係について、サルトルはどのように考えているのでしょうか。サルトルによると、他人は、わたしに「まなざし」を向け、わたしを特定のものと見なします。それは、わたしの自由を奪うものです。そこで、わたしは、自分の自由を取り戻すために、他人に「まなざし」を向け返し、他人の自由を奪おうとします。こうして、わたしと他人は、お互いの自由をめぐって争い続けることになります。

　このように、サルトルは、自己と他者の関係を「相克」として考えています。サルトルの考えは、自己と他者が相互の承認に至らないと見る点で、ヘーゲルの考えよりも徹底したものです。

◆── 主体という幻想

「無意識」の発見

　啓蒙主義と実存主義は、主体についての見方は異なりますが、人間を主体として考える点では共通しています。それに対して、主体としての人間という考えを否定する立場もあります。そうした立場が生まれたきっかけの一つは、「無意識」の発見です。

　無意識を発見したのは、オーストリアの精神科医フロイトです。フロイトの考えでは、人間の心には「エス」「自我」「超自我」という三つの領域があります。エスは、心の深層にある無意識の領域であり、さまざまな欲動から成っています。他方、超自我は、いわゆる良心であり、親や社会の規範が内面化したものです。超自我は、欲動を抑圧しようとし、エスと対立します。そして、両者の対立を調停するものとして成立するのが自我です。

　自我は、欲動の実現を求めるエスと、欲動の抑圧を求める超自我とのあいだにあって、両者による支配を受けます。そのために、ときには、さまざまな異常をきたすことになります。

　フロイトの「自我」は、デカルトの「コギト」のような、近代的な自己とはまったく異なります。そして、フロイトの考えに従うなら、人間は、欲動や社会の規範によって支配される存在であり、みずから思考し、判断し、行動することのできる存在ではありません。つまり、人間は自立的な主体ではないのです。

　フロイトの考えは、主体としての人間という考えに対して、反省を迫るものであり、後世に大きな影響を与えることになりました。

「構造」の発見

　もう一つのきっかけは、「構造」の発見です。

　構造を発見したとされるのは、スイスの言語学者ソシュールです。ソシュールの考えでは、言語は、さまざまな言葉が関係しあう、一つのシステムです。人間が言葉を使って、話したり、考えたりするときには、無意識のうちに、言語というシステムによって規定されています。構造とはそうしたシステムのことです。

　フランスの文化人類学者レヴィ＝ストロースは、ソシュールの考えを、未開社会の研究に用いました。そして、そこで得られた成果をもとに、「構造主義」を唱えました。

　レヴィ＝ストロースによると、未開社会の親族関係や神話のうちには、人間には意識されない「構造」が存在しています。親族関係は複雑なシステムになっており、神話には一定のパターンがありますが、人びとはそのことに気づいていません。人びとが親族関係を結んだり、神話を語ったりするときには、無意識のうちに、そうした構造によって規定されているのです。

　構造は、人間の意識とは別のところで、普遍的に存在します。そして、人間の意志とは関わりなく、独自に変化します。むしろ、人間の思考や行動は、構造によって規定されています。言い換えると、人間は、構造のうちに組み込まれ、構造によって決定されているのです。構造主義とはこのような考え方のことです。

　そこで、構造主義に従うならば、人間は自立的な主体ではありません。そもそも、主体というものも存在しません。なぜなら、あらゆるものは構造によって規定されているからです。

　構造主義の人間観は、主体としての人間という考えを否定するものです。じっさい、レヴィ＝ストロースはその考えを強く批判しま

した。そのため、構造主義と実存主義は激しく対立しましたが、構造主義が台頭するにつれて、実存主義は衰退していきました。そして、主体は幻想として退けられるようになりました。

•── 他者とともに

「自己」から「他者」へ

　主体が幻想であるなら、近代的な自己も幻想ということになります。そのことを明らかにしたのは、たとえば、フランスのフーコーです。フーコーの考えでは、「理性」は、狂気、病気、犯罪といった、理性に反するものを排除することで成立しているにすぎません。そして、「人間」も近代の発明であって、やがては消滅するにちがいありません。フーコーはこのように論じて、近代の理性的な人間観を否定しています。

　近代的な自己が幻想であることが自覚されるにつれて、現代の哲学者や思想家は、近代とは異なる仕方で、自己について考えるようになりました。そのキーワードとなったのが「他者」です。哲学者や思想家の多くは、次のように主張しています。

　自己は、世界から独立して存在しているのではなく、世界のなかで存在している。そして、その世界は「他者」からなる世界である。したがって、自己とは「他者のなかの自己」である。

　また、自己は、他者との関わりのなかで形づくられる。つまり、はじめに自己が存在するのではなく、他者と関わることで、はじめて自己が成り立つ。したがって、自己とは「他者によって成り立つ自己」である。

さらに、自己は、つねに「自己」として存在しているのではない。他者にとっては、自己は「他者」なのである。したがって、自己とは「他者の他者としての自己」である。

　このように、自己は、他者のなかの自己であり、他者によって成り立つ自己であり、他者の他者としての自己である。そこで、他者を知らずして自己を知ることはできない。したがって、まず自己について考え、そのうえで他者について考えるのではなく、まず他者について考え、そのなかで自己について考えるべきである。

　現代の哲学者や思想家の多くは、このように主張しています。こうした主張の一部は、先に見たとおり、すでに実存主義によってなされています。ですが、実存主義が自己を出発点にするのに対して、現代の哲学者や思想家は他者を出発点にしています。この点が決定的な違いです。

自己と他者という「差異」

　現代の哲学者や思想家の主張は、しばしば、他者との「共生」として語られます。では、どのように「他者とともに」生きるべきでしょうか。この問題について、重要な手がかりを与えているのは、フランスの「ポストモダニズム」です。代表的な思想家とされるのは、リオタール、ドゥルーズ、フーコー、デリダです。

　ポストモダニズムとは、近代の理性中心主義や人間中心主義を批判し、それを超えようとする、思想的な運動のことです。先に述べたように、近代の啓蒙主義は、人間の同一性や普遍性を唱えました。それに対して、ポストモダニズムは、むしろ人間の多様性や個別性を唱えています。そこで、ポストモダニズムの立場に立てば、人びとは、人間が多様で個別的な存在であることを認めたうえで、とも

に生きるべきである、ということになります。

さらに、ポストモダニズムは、自己と他者の関係について、独自の捉え方をしています。

ポストモダニズムの考えでは、「本質」は存在しません。存在するのは「差異」だけです。たとえば、ヒトがヒトであるのは、ヒトが何かの本質をもっているからではなく、チンパンジーやゴリラやオランウータンと異なるからです。同じように、自己が自己であるのは、その自己が何かの本質をもっているからではなく、他者と異なるからです。つまり、自己は、さまざまな他者との差異によってのみ、自己であるのです。

このように、ポストモダニズムは、自己と他者の関係を「差異」の関係と捉えています。したがって、その差異は、自己や他者が存在するためには、認めなければならないものです。ポストモダニズムが人間の多様性や個別性を唱える理由は、一つには、こうした考えにもとづいています。

ポストモダニズムの思想家の多くは、自分の考えがポストモダニズムと呼ばれるのを拒否しています。ですが、人間の多様性や個別性を唱える点で、そして、自己と他者の関係を「差異」の関係と捉える点で、かれらの考えは一致しています。最近では、そうした考えは「差異の倫理」と呼ばれています。ただ、このように呼ぶ場合には、ポストモダニズム以外の思想も含まれます。

他者との対話

次に、「他者とともに」生きるうえで問題になるのは、他者との「対話」のあり方です。多くの哲学者や思想家がこの問題について論じていますが、とくに有名なのは、ドイツのハーバーマスの「討

議倫理学」です。

　ハーバーマスによると、「討議」とは、人びとが、ある規範の妥当性を検討し、それについて「合意」をめざす、というものです。討議において、人びとは、ある規範について、お互いに自分の主張を述べます。そして、相手の主張を批判したり、その理由を求めたりすることを、お互いに認めたうえで、合意をめざします。

　ハーバーマスは、討議が成立する条件として、第一に、人びとが対等であること、第二に、すべての人が合意すること、を挙げています。この二つの条件が満たされる状況を、ハーバーマスは「理想的な発話状況」と呼び、そのような状況でなされた合意だけが正当なものであると論じています。

　しかし、ハーバーマスの討議倫理学に対しては、何よりもまず、理想的な発話状況は可能か、という批判があります。たとえば、ポストモダニズムは、すべての人の合意をめざすことは、場合によっては、人びとの差異を認めないことになるから、そのような合意は一つの暴力である、と批判しています。

•── 他者のために

他者に対する責任

　さらに、他者に対する「責任」のあり方も、「他者とともに」生きるうえで問題になります。この問題について、フランスのレヴィナスとデリダは独自の考えを唱えています。それは、二人が「他性」を重視するところから来ています。他性とは、他者が「他者」であること、自己にとって「他なるもの」であることです。

レヴィナスによると、自己は、すべてを「全体」のうちに「同化」させようとします。つまり、自分を中心とする一つの世界を考え出し、すべてをそこに取り込もうとします。しかし、どうしても同化できないものがあります。それが「他者」です。なぜなら、他者とは、自己と同じではありえないものだからです。それは、自己の「全体」を打ち破る「無限」のものであり、自己の前に「顔」として現れ、自己に対して「責任」を課すものです。

　また、デリダによると、人びとは、自己と他者を対立したものと考えます。そして、自己を、他者を生み出すものと見なし、他者を、自己から派生したもの見なすことで、自己が他者よりも優位に立つと考えます。しかし、そうでありません。他者は、自己が成り立つための条件です。言い換えると、自己は、他者が存在することによってのみ、存在するのです。したがって、自己は、自分が存在する限り、他者に対して「責任」を負うのです。

　レヴィナスとデリダの議論は、かなり違いますが、次のように考える点で共通しています。第一に、他者は、自己にとって絶対的に他なるものです。第二に、他者は、自己に対して無条件の責任を課します。逆に言うと、自己は、他者に対して無条件の責任を負います。そして、第三に、自己と他者は、対称の関係ではなく、非対称の関係にあります。

　さらに、レヴィナスの考えでは、他者が現れるところに「倫理」が成立します。つまり、他者が現れることは、自己が「審問」されることであり、それがまさしく倫理なのです。レヴィナスはこのように、自己と他者の非対称の関係において、倫理を捉えています。そのような立場は「非対称の倫理」と呼ばれています。

　ですが、自己と他者が非対称の関係であるとすれば、どのように

「他人とともに」生きるべきか、という問いは、もはや成り立ちません。レヴィナスとデリダにとっては、どのように「他人のために」生きるべきか、という問いだけが意味をもつのです。

他者に応答すること

　では、レヴィナスとデリダにとって、他者に対して責任を果たすとはどういうことでしょうか。

　レヴィナスとデリダは、責任について、その言葉の意味に立ち返って考えています。それによると、「責任」とは「応答可能性」、すなわち、相手に応答することができる、ということです。したがって、他者に対して責任を果たすとは、他者に応答することにほかなりません。

　では、他者に応答するとはどういうことでしょうか。レヴィナスの考えでは、それは、他者を「迎え入れる」ことです。また、デリダの考えでは、他者を「歓待する」ことです。つまり、どのような他者であれ、他者であるがゆえに受け入れ、自己を与えることです。そして、レヴィナスとデリダによると、他者に応答することによってのみ、自己は「自己」として存在することができるのです。

　レヴィナスとデリダの考えに対しては、現実離れしていて、実行できない、といった批判もあります。ですが、二人の考えの根底には、「主体としての自己」や「実存」に対する不信があります。圧倒的な他者の前では、それらは無力です。では、そうした他者にどう向かうべきか。その答えが「他者に対して責任を果たすこと」＝「他者に応答すること」なのです。そして、レヴィナスとデリダにとっては、それこそが倫理的な生き方なのです。

8
個人と社会

　個人は社会のなかで生きています。では、個人と社会の関係はどうあるべきでしょうか。倫理学は「個人と社会」をめぐる問題についても考えます。この問題は、時代の状況に応じて考えられてきました。そこで、近代から現代に至る時代の流れに沿って、この問題について見ていきます。

•── 市民の社会

社会は契約にもとづく

　ヨーロッパでは、中世から近代にかけて、社会の体制が大きく変わり、混乱や対立が生じました。それをうけて、哲学者や思想家のあいだで、社会のあり方が論じられ、そこから、新たな考えも生まれました。

　その一つは「社会契約説」です。それは、社会は個人間の契約にもとづく、という考えです。社会契約説によると、人びとがお互いに契約を交わすことで、社会が設立されるのであり、こうした契約によって設立された社会だけが正統な社会です。

　この社会契約説をいち早く唱えたのはホッブズです。ホッブズは、国家という社会の設立について、次のように論じています。

　人びとは、自分の生命を守ることを、おもな目的にしている。また、精神や身体の能力に関して、おおよそ平等である。そして、国

家のない「自然の状態」において、「自然の権利」をもっている。自然の権利とは、自分の生命を守るために、思いどおりに力を使い、あらゆることを行う自由のことである。

そこで、自然の状態にあって、人びとが自然の権利を用いると、人びととのあいだで争いが生まれ、戦争が起こる。そして、人びとを治める共通の権力がないときには、それは「万人の万人に対する戦争」となる。

このような戦争の状態において、人びとは、死への恐怖といった情念をもつとともに、理性によって「自然の法」を見出す。それは平和のための条項である。人びとは、これらの情念や理性に導かれて、平和に向かい、合意に至るのである。

だが、それだけでは、人びとの安全は保障されない。共通の権力が、すなわち、国家が設立されなければならない。そして、その唯一の道は、人びとが自然の権利を放棄し、それを特定の人物や集団に譲渡することである。そこで、人びとは、お互いに契約を交わし、一つになる。こうして一つになった人びとが「国家」にほかならない。その力は絶対的である。

ホッブズは、国家の設立について、このように論じています。ホッブズの「国家」は絶対的であり、近代の「自由で平等な社会」とは異なります。ですが、ホッブズの議論は、人間を自由で平等な存在と捉える点で、そして、「個人」から「社会」のあり方を考える点で、新しいものであり、近代の議論の出発点とされています。

市民社会

次に、ロックは、社会契約説の立場から、ホッブズとは異なる議論を展開しています。社会の成立について、ロックは次のように論

じています。

　自然の状態は、自由で平等で平和な状態である。そこでは、自然の法である「理性」が支配しており、すべての人を拘束している。人びとは、自然の法の範囲で、自分の考えに従って行動し、自分の財産や身体を扱う。それが自然の権利である。

　自然の権利とは、具体的には、生命、自由、財産に対する「所有権」である。それは「労働」にもとづいている。人は自分の身体に対して所有権をもっている。したがって、身体の労働はその人のものであり、労働の成果はその人の所有となる。

　しかし、自然の状態では、所有権が侵害される恐れがつねにある。そして、所有をめぐって争いが起こっても、それを裁くことができない。そこで、所有を保護するために、人びとは社会を設立することを考えるのである。

　ただし、その社会は「同意」にもとづかなければならない。人間は、生まれつき、自由で平等であり、独立している。したがって、みずから同意するのでなければ、他人の権力に従うことはありえない。人びとが自由を放棄し、社会に拘束されるのは、他人と同意して、結合する場合だけである。そして、その目的は、自分の所有を保持し、より平和な生活を送ることにある。

　そこで、人びとは、同意するとすぐに結合して、一つの社会を設立する。それが「政治社会」すなわち「市民社会」である。

　ロックは、社会の設立について、このように論じています。ロックにとって「政治社会」と「市民社会」は同じです。それは、人びとの同意にもとづいて設立される社会のことです。ロックの「市民社会」は、近代の「自由で平等な社会」の原型です。

•── 市場という社会

社会は自然に形成される

　続いて、ヒュームは、「自由で平等な社会」という理念を受け継ぎながらも、ホッブズやロックの社会契約説をフィクションとして退けています。そして、社会は自然に形成される、と考えています。そのことを、ヒュームは次のように説明しています。

　人びとは、多くのものを必要とするにもかかわらず、その手段をもたない。だが、その弱点は社会によって補われる。共同することで力が増し、分業することで能力が高まり、お互いに援助することで安全が得られる。このように、社会は有益なものである。

　だが、人びとが結合するうえで、障害がいくつかある。それは、利己心が強いこと、寛大さが限られていること、所持が安定していないこと、財物が少ないことである。

　しかし、人びとは、社会のもたらす利益に気づくようになる。また、混乱や対立の原因が財物にあることを知るようになる。そこで、人びとは一つの「黙約」を取り結ぶ。それは、所持を安定させ、各人の財物を各人に所有させる、というものである。そして、それによって、社会は維持されるのである。

　このような黙約は契約ではない。むしろ、契約は黙約から生じる。黙約とは、利害が共通しているとお互いに感じている、ということである。人びとは、この感情を示しあい、それに導かれて、自分の行動を律するようになる。そして、そのなかで、ルールが形成されるのである。

　ヒュームはこのように説明しています。ですが、ヒュームの説明

では、社会がすでに前提されています。また、自然に形成されるのは、社会というよりもむしろ、社会のルールです。ただ、ヒュームが言いたいのは、契約が交わされるためには、利害が共通しているという「暗黙の了解」が必要であり、逆に、それがあれば、契約は必要ではない、ということです。

　ヒュームの説明が成功しているかどうかは別として、ヒュームが念頭に置いていたのは、「市場」という経済社会です。それは、「国家」という政治社会とは異なり、自然に形成されるものです。つまり、ヒュームは、市場という社会をモデルにして、社会の成立について考えているのです。したがって、ヒュームの「社会」は、もう一つの「自由で平等な社会」の原型です。

商業社会

　さらに、ヒュームの考えを推し進めたのがアダム・スミスです。スミスは、とくに「商業社会」の形成について、次のように説明しています。

　人間は他人の協力や援助を必要とするが、それを相手の利他心だけに訴えてもむだである。むしろ、相手の利己心に働きかけて、自分の利益が相手の利益でもあることを示すほうがよい。なぜなら、人間には、他人と物を「交換」するという性質があり、お互いの利益となるような取引をすることができるからである。

　この交換という性質は「分業」を生み出す。人びとは、自分の労働を特化し、その生産物を自分の必要なものと交換することで、生活するようになる。こうして、分業が確立されると、人間は交換によって生活する「商人」になるのであり、社会は「商業社会」になるのである。

スミスは、商業社会の形成について、このように説明しています。そして、さらに次のように主張しています。

　この社会では、個人の目的は自分の利益であって、社会の利益ではない。個人は、社会の利益を促進しようと考えていないし、どれだけ促進しているのかも知らない。だが、自分の利益だけを考えているにもかかわらず、個人は「見えざる手」に導かれて、社会の利益を促進するのである。

　スミスはこのように、私益を求めることが、意図しない結果として、公益をもたらすことになる、と主張しています。

　そして、その主張にもとづいて、スミスは「自然的な自由」の社会を唱えています。それは、人びとが、正義の法を侵さない限りで、自分の利益を自由に追求することができる社会です。そして、その社会では、防衛、司法行政、公共事業の三つだけが、国家のなすべき義務です。このようなスミスの立場は「市場社会論」や「夜警国家観」と呼ばれています。

•── 市民社会をこえて

共和国

　ホッブズやロック、ヒュームやスミスは、立場を異にしながらも、「自由で平等な社会」を唱えました。しかし、現実の市民社会や市場社会は、自由でも平等でもありませんでした。そこで、市民社会や市場社会を批判し、それを乗り越えようとする哲学者や思想家も現れました。

　その一人は、フランスのルソーです。ルソーはまず、市民社会の

成立について、次のように論じています。

　人びとは、もともと自由で平等であった。しかし、土地の耕作が始まると、土地が分けられ、「私有」が認められた。そこから、貧富の不平等が生まれ、秩序が失われ、戦争が起こった。そこで、富者の呼びかけによって、社会と法律が成立した。だが、それは、富者には力を、貧者には拘束を与えるものであり、自由を壊し、隷属を生み出した。

　ルソーは、市民社会の成立について、このように論じ、不平等と隷属の起源を私有財産のうちに見出しています。

　そのうえで、ルソーは、ホッブズやロックと同じ社会契約説の立場から、次のように主張しています。

　自由で平等な社会を設立するためには、人びとは、私益のために、各自の意思で契約を交わすのではなく、公益のために、全員の意志を一つにして契約を交わさなければならない。この契約にあっては、人びとは、自分のすべてを放棄することで、平等になる。そして、みずから立法し、みずから服従することで、自由になる。

　このように、ルソーは、公益をめざす普遍的な意志のもとで、人びとが契約を交わすことを唱えています。そして、その意志を「一般意志」と名づけています。それは、私益をめざす「特殊意志」とも、その総和である「全体意志」とも異なります。

　さらに、ルソーは、このような契約によって設立される国家を「共和国」と呼び、その主権者を「人民」と呼んでいます。そして、公益をめざす「共和国」によって、私益をめざす「市民社会」を乗り越えようとしています。ルソーの「共和国」は、新たな形の「自由で平等な社会」です。

市民社会と国家

　ヘーゲルも、市民社会を批判し、それを乗り越えようとしています。ヘーゲルは、市民社会を「人倫」の一つと捉えています。以前に触れたように、人倫とは、共同体やその秩序のことですが、ヘーゲルは、それについて次のように論じています。

　人倫には、「家族」「市民社会」「国家」という三つの段階がある。まず、家族は自然の愛情で結ばれた共同体であり、人びとは家族の一員として生きる。だが、人びとが個人という意識をもち、独立すると、家族は解体する。

　次に、市民社会は個人の欲求にもとづく共同体であり、人びとは自立した市民として生きる。だが、人びとが争い、対立や不平等が生じると、市民社会は危機に瀕する。それは「欲望の体系」であり、人倫が失われた状態である。

　そして、国家は家族と市民社会を総合した共同体であり、人びとは国民として生きる。国家は、人びとを国家の一員として、しかも自立した国民として扱う。したがって、それは人倫が完成された状態である。

　ヘーゲルはさらに、次のように論じています。

　国家が市民社会と取り違えられ、国家の使命が所有や自由の保護とされるなら、私益というものが、個人が結合する目的になるだろう。しかし、国家と個人の関係は、それとは違う。個人が真に個人であるのは、国家の一員であるときだけである。結合することが、まさに、個人の目的なのである。したがって、国家の一員であることが、個人にとって最大の義務である。

　以上の議論から明らかなように、ヘーゲルは、市民社会を市場と捉えたうえで、市民社会と国家を区別しています。そして、国家を

市民社会の上に置いて、国家によって市民社会の問題を克服しようとしています。それは、従来とはまったく異なる考えです。

さらに、ヘーゲルは、国家における個人のあり方について論じ、個人に対する社会の優位を唱えています。これも、従来とは大きく異なる立場です。

•── 平等な社会

不平等の問題

近代の市民社会では、不平等が広がり、貧困や失業、過酷な労働といった「社会問題」が深刻になりました。それをうけて、「社会改良」を唱える思想が数多く生まれました。

その一つが「功利主義」です。創始者のベンサムは、社会を、個人から成る「架空の団体」と捉え、個人の自由を主張しました。また、すべての人は等しく扱われるべきであると考え、人間の平等を唱えました。そして、功利主義は、「最大多数の最大幸福」をスローガンにして、民主主義の実現をめざし、選挙法の改正や議会の改革などに関わりました。そうした運動を通じて、功利主義は市民社会の新たな理論になりました。

また、「社会主義」という思想も現れました。社会主義は、はじめは、「個人主義」に対抗するものとして、つまり、個人の「競争」ではなく「協同」を原理とする立場として唱えられました。そうした初期の社会主義者として、イギリスのオーウェン、フランスのサン＝シモン、フーリエ、プルードンがいます。

しかし、のちに、資本家と労働者の対立が激しくなると、社会主

義は、「資本主義」に対抗するものとして、つまり、資本家の「市民社会」に代わる、新たな社会をめざす立場として唱えられました。新たな社会とは、労働者が主体となる社会です。具体的には、生産の手段を共有し、協同して生産し、計画的に経済を進め、生産物を公平に分配する、という社会です。

　社会主義の考えはさまざまですが、新たな社会を設立することで、不平等を克服する、という基本的な考え方では一致しています。

社会の革命

　社会主義の代表的な思想家はマルクスです。マルクスはまず、市民社会について、次のように考えています。市民社会は、国家を切り離し、人間を市民と公民に分裂させる。人間は、形式的には国家の一員であっても、実質的には市民社会の一員である。そして、市民社会とは、孤立した個人が対立する社会である。したがって、人間が人間らしく生きるためには、つまり、人間が解放されるためには、市民社会を乗り越えなければならない。

　次に、マルクスは、とくに労働者について、次のように論じています。市民社会では、労働者にとって、労働の生産物は自分のものではなく、労働も強制されたものである。また、労働者は人間らしく生きることもできない。そこで、労働者が解放されるためには、市民社会を乗り越えなければならないが、市民社会で最も虐げられているのは労働者であるから、労働者が解放されることは、人間が全面的に解放されることである。

　では、どのようにして市民社会を乗り越えるのでしょうか。どのようにして労働者は解放されるのでしょうか。マルクスは次のように説明しています。

市民社会は、資本主義という経済体制をとっており、そこでは、労働者は資本家のもとで生産に従事している。労働者は賃金以上のものを生産するが、余った分は資本家のものになる。だが、それは矛盾であり、この矛盾が大きくなれば、資本家と労働者の対立は激しくなり、両者の関係そのものが成り立たなくなる。そのとき、労働者が「社会革命」を起こし、資本主義に代わる新たな経済体制を打ち立てる。こうして、労働者はみずからを解放するのである。

　では、新たな経済体制とはどのようなものでしょうか。マルクスはそれを「共産主義」と呼んでいます。共産主義では、生産の手段が共有され、共同で生産が行われます。最終的には、私有財産や賃金労働が廃止され、人びとは、能力に応じて労働し、必要に応じて分配されます。労働は、生活の手段であるだけでなく、自己を実現するものになります。そして、国家に代わって、自由で平等な協同体が設立されます。

　マルクスは、社会革命によって、資本主義から共産主義に移行する、と考えました。しかし、じっさいには、そのような移行は起こりませんでした。資本主義は、社会主義の政策を取り入れることで、「福祉国家」に変わったのです。

•── 近代社会批判

近代化の問題

　現代になると、市民社会を含む「近代社会」が批判されるようになりました。近代社会に対する批判は、まず、「近代化」という問題に関わってなされました。

近代化の問題について本格的に論じたのはウェーバーです。ウェーバーによると、近代化とは「合理化」のことであり、合理化とは「呪術からの解放」のことです。近代の人びとは、合理性という観点から、神話や宗教、伝統や慣習を批判し、修正し、解体しました。しかし、その結果、それらが人びとに教えてきた、最高の価値が力を失い、さまざまな価値が争うことになりました。このような状況を、ウェーバーは「神々の闘争」と呼んでいます。

　また、ウェーバーの考えでは、近代の合理化は特殊なものです。それは、価値を発見し、その価値を目的として実現しようとするのではなく、与えられた目的に対する手段を算定し、その手段によって目的を達成しようとするものにすぎません。

　そして、ウェーバーは、近代の合理化の過程を資本主義の形成のうちに見出し、その帰結をこう述べています。資本主義の秩序は「鉄の檻」となって、人びとを拘束する。そこに生きる「最後の人々」は、「精神のない専門人、心情のない享楽人」である。にもかかわらず、人類の最高の段階に達したとうぬぼれている。

　さらに、ウェーバーは、合理化が近代的な組織を生み出したと論じ、その原理を「官僚制」と名づけています。官僚制は、規則による「合法的な支配」の典型です。それは、官庁だけでなく、国家、軍隊、学校、企業など、すべての組織のうちに見出されます。これらの組織は「生きた機械」です。このように、ウェーバーは近代社会を官僚制の社会と捉えています。

　ウェーバーの議論が始まりとなって、近代化の問題がさまざまな形で論じられるようになりました。近年では、ハーバーマスが近代化を「生活世界の合理化」と捉えています。ハーバーマスの考えでは、近代の人びとは、合理的な社会制度を確立し、それを生活世界

に活用しようとしました。ですが、社会制度は自立し、分化し、複雑になって、逆に、人間を支配するようになりました。生活世界は「植民地」となり、理性は支配の道具になりました。

　しかし、ハーバーマスによると、理性には、討議において合意を導くという働きもあります。そこで、人間は、理性による討議を通じて、社会制度を再編し、統制することができます。そして、制度の支配から脱却することができます。ここに、「生活世界の植民地化」の問題を克服する可能性があります。ハーバーマスの考えでは、近代化というプロジェクトは未完であって、失敗したわけではありません。

大衆社会

　次に、近代社会に対する批判は、「大衆社会」に対する批判としてなされました。

　近代から現代にかけて、ヨーロッパでは、「大衆」が現れ、大衆社会が生まれました。大衆とは、匿名の人びとから成る集団のことです。大衆は、自立した「市民」と異なり、他人や社会に依存しています。また、協同する「労働者」と異なり、孤立しています。このような大衆が、しだいに力をもち、市民や労働者に代わって、社会の中心を成すようになりました。

　それをうけて、大衆や大衆社会を批判する思想家も現れました。代表的な思想家として、スペインのオルテガ、ドイツのフロムやマンハイムがいます。

　多くの思想家は、大衆を生み出したのが「近代」であり、大衆が「近代人」の行き着くところであることを明らかにしています。そして、ドイツのホルクハイマーとアドルノは、大衆や大衆社会に対

する批判をふまえて、近代や近代人を批判しています。

　ホルクハイマーとアドルノによると、近代の「啓蒙」は、人間を「非合理的なもの」から解放する試みですが、おのれのうちに非合理的なものを見つけ、それを取り除こうとして自滅します。このことは、近代の人間についてもいえます。近代人は、科学によって自然を、道徳によって自己を、制度によってお互いを支配しようとし、新たな抑圧を生み出しました。そうした抑圧に対する反動が、ファシズムのような「野蛮」となって現れたのです。

●── 近代人批判

労働する動物

　近代人に対する批判として有名なのは、ドイツのアーレントの議論です。アーレントはまず、人間の生き方について、次のように論じています。

　人間の「活動的な生活」には、「労働」「仕事」「活動」の三つがある。まず、人間は、自然の生物として、物を生産する。それが労働である。そして、労働することで、人間は、自分の生命を維持することができる。労働は「私的なもの」である。

　次に、人間は、非自然的な存在として、自然にない物を製作する。それが仕事である。人工物からなる世界は、人間の生命をこえて存在する。そして、この世界で仕事をすることで、人間は、自然の生物以上の価値をもつことができる。

　さらに、人間は、労働や仕事のように物を介するのではなく、言葉を介して、共同体を形成し、運営する。それが活動である。活動

は「公的なもの」である。そして、共同体で他者とともに活動することで、人間は、自己を実現することができる。

　アーレントはこのように、人間の生き方を、労働、仕事、活動の三つに分けています。そして、それらの関係について、次のように論じています。

　労働、仕事、活動は、どれも人間にとって必要である。だが、本来は、活動−仕事−労働という序列があって、じっさい、古代人はそう考えていた。ところが、この序列は近代になって転倒した。科学技術が発展すると、仕事が活動よりも重視された。そして、市民社会が成立すると、労働が仕事よりも重視された。こうして、労働が支配的になったのである。

　労働−仕事−活動という、序列の転倒は、「私的なもの」が「公的なもの」に勝利したことを意味している。また、序列の転倒は、活動、仕事、労働という区別がなくなり、「公的なもの」が失われたことも意味している。近代人は、「私的なもの」と「公的なもの」を分けることも、「公的なもの」を理解することもできない。

　アーレントはこのように、活動−仕事−労働という序列が近代になって転倒した、と論じています。そして、近代人が労働を中心に考え、「私的なもの」を優先し、「公的なもの」を失った、と批判しています。アーレントは、そのような近代人を「労働する動物」と名づけています。

「規格」としての主体

　フーコーも、近代人に対する批判を行っています。それは、「権力」に関する考察のなかに見られます。フーコーは、権力について、次のように論じています。

権力とは、日常の生活において、人びとのあいだに存在する、無数の小さな「力」関係のことである。人びととはつねに、こうした力関係のうちに置かれている。そして、そこから、警察や国家といった「大きな権力」が作り上げられる。つまり、権力は、上からやって来るのではなく、下からやって来るのである。

　フーコーはこのように、権力を、日常生活における力関係と捉えています。そして、そうした権力が「規律＝訓練」という仕方で働くと考えています。フーコーは次のように論じています。

　規律＝訓練は、人びとを、社会に適合するように「規格化」する。人びととは、規律＝訓練によって、社会に適合するようになる。さらに、みずからそれに従うことで、気づかないうちに、それに加わる。つまり、権力は、規律＝訓練によって、人びとを取り囲み、人びとを介して目的を果たすのである。このような規律＝訓練は、監獄、軍隊、工場、病院、学校など、あらゆる近代的な組織で行われている。そこでは、人びととは「規格」として生きるのである。

　フーコーはこのように論じて、近代人を「規格」としての主体と捉えています。そして、近代社会を「規律＝訓練社会」と呼んでいます。

　もっとも、フーコーは、こうした権力に対して「抵抗」する道も示しています。また、晩年には、古代人の道徳を手がかりにして、近代人に代わる、新たな人間のあり方を探っています。

　アーレント、フーコーをはじめとして、現代の哲学者や思想家は、近代の「人間‐社会」を批判しています。その特徴は、近代の外から近代を批判するところにあります。そうした試みは現在も続いています。

9
....
正義、自由、平等

　「正義」がなければ、社会は成り立ちません。正義の問題は、人間にとって永遠の課題です。そして、それは「自由」や「平等」の問題でもあります。そこで、倫理学は、正義、自由、平等についても論じます。ここでは、正義について考え、そのうえで、自由や平等について考えることにします。

•── 正義

正義とは何か

　まず、正義とは何でしょうか。正義の本性をめぐる古典的な議論は、プラトンの『国家』という本のなかに見られます。そこでは、正義とは何かをめぐって、ソフィストたちとソクラテスが対話をしています。

　まず、ケパロスとポレマルコスは、正義とは、真実を話すこと、借りたものを返すこと、それぞれの人にふさわしいものを与えること、つまり、友や善人には利を、敵や悪人には害を与えることである、などと述べます。次に、トラシュマコスは、正義とは支配者の利益にすぎない、と主張し、人は正義を退け、自分の利益を求めるべきである、と論じます。

　さらに、グラウコンとアデイマントスは、正義とは人びとのあいだの取り決めである、と唱えます。二人は次のように論じます。相

手の利益を顧みず、自分の利益だけを求めれば、相手も同じように
するから、結局、自分の利益が損なわれる。そこで、人びとは、お
互いの利益に配慮する、という取り決めを交わす。それが正義であ
る。正義は、人びとが自分の利益に至る近道なのである。

　このようなソフィストたちの考えに対して、ソクラテスは次のよ
うに論じます。正しい国家とは、統治者、防衛者、生産者という三
つの階級が、おのれの務めを果たし、お互いに調和している国家の
ことである。それと同じく、正しい人間とは、理性、意志、欲望と
いう三つの部分が、おのれの務めを果たし、お互いに調和している
人間のことである。

　ソクラテスはこのように、正義を、国家や人間における「調和」
として考えています。この考えは、言うまでもなく、プラトン自身
のものです。

さまざまな正義

　続いて、プラトンの弟子のアリストテレスは、正義を広く捉え、
正義の分類を行っています。

　アリストテレスによると、正義には、広い意味と狭い意味があり
ます。広い意味の正義とは、法にかなうことであり、狭い意味の正
義とは、公正であることです。一般に、前者は「全体的正義」や
「一般的正義」と、後者は「部分的正義」や「特殊的正義」と呼ば
れています。

　広い意味の正義における「法」とは、国家の制定する法律のこと
ではなく、人間としてふさわしいあり方、すなわち、徳のことです。
そこで、法にかなうことは、徳を行うことと同じですが、その行い
がとくに他人に関わるときに、正義と呼ばれます。

他方、狭い意味の正義は二つに分かれます。一つは、人びとの立場や功績に応じて、名誉や財貨などを分けることであり、もう一つは、裁判や取引において、人びとを等しく扱うことです。一般に、前者は「配分的正義」と、後者は「調整的正義」や「矯正的正義」と呼ばれています。

　アリストテレスはこのように正義を分類しています。それは、正義論の古典的な枠組みとされています。

　また、古代ローマのストア派の哲学者たちは、法を「自然法」と捉えて、正義とは自然法にかなうことである、と主張しています。自然法とは、神によって立てられ、理性によって知られる、永遠不変の法のことです。ストア派の哲学者たちは、この自然法を、すべての人に当てはまるものとして考えています。その考えは、古代ローマの「万民法」のうちに体現されています。

　そして、そこでは、正義とは「各人に各人のものを与えようとする普遍的な意志」のことである、とされています。それはローマの法律家ウルピアヌスの言葉と言われていますが、これが正義の古典的な定式と考えられています。一般に、それは「等しき者を等しく扱うこと」と言い換えられています。

•── 効用か、公正か

効用としての正義

　次に、何が正義であるのでしょうか。その基準はどこにあるのでしょうか。正義の基準をめぐっては、さまざまな立場がありますが、なかでも有力なのは「功利主義」です。

功利主義とは、簡単に言うと、正しい行為とは人びとの幸福を増やす行為のことである、という立場です。一般に、幸福を与えるものは「効用をもつ」と言われます。功利主義は、「効用」を正義の基準とし、さらに、効用を最大化することを正義の目標としています。このような立場は「効用としての正義」と呼ばれています。

　では、効用を正義の基準とするとは、どういうことでしょうか。それは、効用をもつ行為、つまり、人びとに幸福を与える行為を正しい行為とする、ということです。あるいは、いくつかの行為のうち、効用を最大化する行為、つまり、人びとに最も多くの幸福を与える行為を、最も正しい行為とする、ということです。

　功利主義は、たんに、効用をもつ行為は正しい、と主張しているのではありません。そうではなくて、正しい行為とは効用をもつ行為のことである、言い換えると、効用をもつ行為だけが正しい、と主張しているのです。功利主義は、正義を効用によって基礎づけ、正義の問題を効用の問題と見なすものです。

　しかし、功利主義に対しては、次のような批判があります。功利主義は効用の最大化をめざすが、その分配については考えていない。また、功利主義は人びとの効用を加算し、その合計を求めようとするが、効用は人によって異なるから、効用を計算することは困難である。さらに、功利主義は効用だけを問題にするために、効用によって「権利」が侵害される可能性がある。

　このような批判に対して、功利主義からは、次のような反論が出されています。功利主義がめざしているのは、たんなる効用の最大化ではなく、人びとの平均的な効用の最大化である。また、功利主義は、効用を計算する場合に、個人の相違を考慮に入れている。さらに、功利主義は、効用のうちでも、権利をとくに重要と考えてお

り、それをほかの効用と置き換えることはしない。

　ただ、このような反論が成り立つとしても、功利主義に対する反発は残ります。功利主義は、正義を効用によって基礎づけ、正義の問題を効用の問題と見なします。それに対して、正義は効用とは別のもの、効用をこえたものであり、効用の問題こそ、正義によって解決されるべきである、という立場もあります。そうした立場にとっては、功利主義の考えは受け入れがたいものです。

公正としての正義

　こうした立場を代表するのは、現代アメリカのロールズです。ロールズは、みずからの立場を「公正としての正義」と名づけています。それはまさに「公正であること」をめざす立場であり、そこにはもちろん「公正な分配」も含まれています。

　ロールズは、「社会契約説」を用いて「正義の原理」を導こうとしています。社会契約説とは、人びとの契約にもとづいて設立された社会だけが正統な社会である、という立場です。この「社会」を「正義の原理」と捉え直し、人びとが合意するような原理を見出す、というのがロールズの試みです。

　まず、ロールズは、社会契約説の「自然の状態」をヒントに、「原初状態」という架空の状況を考えます。この状況で、人びとは正義の原理について討議し、それを全員一致で採択します。そして、この状況には、「無知のヴェール」という制約があります。それは、社会のなかで自分がどのような位置にあるのか、それをまったく知らない、というものです。この制約によって、人びとは、自分の利害をこえて、正義の原理について考えることができます。

　そして、ロールズは、原初状態において、二つの原理が採択され

ると主張しています。第一の原理は、すべての人が基本的な自由を等しくもつべきである、というものです。それは「平等な自由の原理」と呼ばれます。ロールズの考えでは、基本的な自由は、他人の自由と両立する限りで、最大限に認められるべきものです。

　次に、第二の原理は二つに分かれます。その一つは、社会的・経済的な不平等は、すべての人に開かれた職務や地位に伴うものでなければならない、というものです。すべての人に開かれた、というのは、すべての人が公正な機会をもつ、ということです。その意味で、この原理は「公正な機会均等の原理」と呼ばれます。

　もう一つは、社会的・経済的な不平等は、社会で最も恵まれない人びとに、最も大きな利益をもたらすものでなければならない、というものです。この原理は「格差原理」と呼ばれます。ロールズによると、この原理は、社会に対して、最も恵まれない人びとに最も配慮することを求めています。

•── 自由と平等

自由は絶対的である

　ロールズの正義論は大きな反響を生み、多くの批判も引き起こしました。その一つは、アメリカのノージックによる批判です。

　ノージックは次のように主張しています。社会は、格差原理に従い、恵まれた人びとから財産の一部を徴収し、それを恵まれない人びとに分配する。しかし、それは、恵まれた人びとを恵まれない人びとの手段にすることである。また、恵まれた人びとは、自分の才能と努力によって獲得した財産を自由に使うことができない。言い

換えると、社会によって自由を侵害されている。ノージックはこのように主張して、ロールズの「格差原理」を否定しています。

　ノージック自身は、自由を絶対的なものと考えています。ノージックによると、誰にとっても、自分の身体や才能は自分のものです。そして、自分の身体や才能によって得た財産も自分のものです。誰もが、自分の身体や才能や財産に対して正当な資格をもち、それらを自由に使うことができます。それは、誰にとっても絶対的な権利なのです。

　そして、この考えにもとづいて、ノージックは、正義として、財産の取得における正義、財産の移転における正義、そして、移転において不正が生じたときに、その不正を矯正する正義、の三つを挙げています。ノージックはみずからの立場を「権原理論」と名づけていますが、それはこの三つの正義から成っています。

　ノージックはさらに、社会契約説を用いて、国家の成立や目的について、次のように論じています。

　まず、自然の状態で、人びとは、権利の保護を目的とする「保護協会」を設立し、それに加入する。次に、そのうちの一つが「支配的保護協会」に成長する。さらに、支配的保護協会は、協会に加入していない「独立人」に対応するため、独立人にもサービスを拡大する。こうして、すべての人を取り込んだ「最小国家」が誕生する。この国家の目的は、人びとの権利を保護することにある。それをこえて、財産の再分配を行うことは、国家の目的に反する。

　ノージックは、国家の成立や目的について、このように論じています。そして、ロールズの「正義の原理」にもとづくような国家を「拡張国家」として批判しています。

平等への権利

　ロールズの正義論に対しては、イギリスのドゥオーキンによる批判もあります。

　ドゥオーキンは次のように主張しています。ロールズの議論が成り立つためには、「平等な配慮と尊重への権利」がなければならない。人びとは、誰もが等しく配慮され尊重されるべきであると考えているからこそ、正義の原理について討議し、それを全員一致で採択することができる。そうした権利がなければ、誰も討議に参加しないだろう。ドゥオーキンはこのように主張し、ロールズが「平等への権利」を見落としていることを批判しています。

　そのうえで、ドゥオーキンは「資源の平等」という独自の議論を展開しています。資源の平等とは、各人の人生に割り当てられる資源は平等でなければならない、という考えです。この考えを、ドゥオーキンは「仮想的オークション」や「仮想的保険市場」という想定によって説明しています。

　仮想的オークションでは、あらゆる資源が対象とされます。人びとは、貨幣を等しく与えられ、このオークションに参加して、自分の人生計画に必要な資源を競り落とします。オークションは、全員が納得し、他人を羨むことがなくなるまで続けられます。オークションが終了すれば、公平な分配が行われ、資源の平等が成立したことになります。

　ですが、オークションが終了し、社会生活が始まると、人びとのあいだに格差が生まれます。その格差は、個人の責任による場合と、個人の責任によらない場合があります。公的な救済は、後者に対して行われ、前者に対しては行われません。ただし、前者については、仮想的保険市場が設けられます。人びとは、保険に加入することで、

不測の事態には生活を保障されます。この保険市場によって、格差は是正されます。

　ドゥオーキンは、資源の平等という考えを、このように説明しています。そして、この考えが、個人の状況に配慮している点で、また、格差の是正の範囲や方法を示している点で、ロールズの議論よりも優れている、と主張しています。

自由か、平等か

　ロールズの正義論に対する批判に見られるように、正義の問題は、じつは、自由や平等の問題でもあります。そこで、ここからは、自由と平等について考えていくことにします。

　一般に、自由と平等は対立する、と考えられています。ただ、両者のあいだには、原理的な対立はありません。なぜなら、自由の反対は「専制」であり、平等の反対は「差別」であるからです。この自由や平等とは、「人間」としての自由や平等のことです。

　ですが、そのような「人間」としての自由や平等とは別に、「政治的」「経済的」「社会的」といった、より具体的な自由や平等があります。自由と平等が対立するのは、まさに、こうした具体的な自由や平等の場合です。

　そこで、近代では、自由と平等のどちらをとるか、という問題をめぐって、「自由主義」と「平等主義」が対立しました。まず、ロックやスミスなどの古典的自由主義が生まれ、それに対抗して、社会主義をはじめとする平等主義が現れました。さらに、現代になると、自由と平等のどちらを優先するか、という問題も論じられるようになりました。

　現代の自由主義は、自由を優先しながらも、平等も重視するとい

う姿勢をとっており、古典的自由主義とは異なります。そこで、自由主義と区別して、「リベラリズム」と呼ばれています。代表的な思想家はロールズとドゥオーキンです。

それに対して、古典的自由主義はノージックなどの思想家たちに継承されています。その思想は、リベラリズムと区別して、「リバタリアニズム」と呼ばれています。それは、自由を絶対的なものと見なすことから、「自由至上主義」と訳されています。

他方、平等主義を代表するのはマルクス主義です。たとえば、イギリスのコーエンは、リバタリアニズムの「自己所有権」を否定するだけでなく、「私有財産制」を容認するリベラリズムも強く批判しています。

•── いかなる自由か

自由の歴史

では、自由とは何でしょうか。それはどのように考えられてきたのでしょうか。

古代や中世では、自由は一つの「特権」でした。古代ギリシアでは、自由とは、自由人であり、市民であることでした。また、中世の封建社会では、自由とは、上位の者に支配されず、下位の者を支配することでした。

ですが、近代になると、自由は「人間の権利」として考えられるようになりました。人間は生まれつき自由であり、自由は自然の権利である。こうした考えが思想的な背景となって、市民革命が起こり、近代の市民社会が成立しました。

しかし、近代の市民社会では、不平等が広がり、さまざまな社会問題が起こりました。そして、その原因がまさに自由にあることが明らかになると、自由の暴走を抑える必要が出てきました。そこで、たとえば、ヘーゲルは国家によって市民社会を統制することを主張し、マルクスは自由よりも平等を優先することを主張しました。それに対して、ミルは「危害原則」を唱えて、個人の自由を擁護しようとしました。

　そのなかで、イギリスのグリーンは次のように考えました。真の自由とは、たんに自分のしたいことをすることではなく、自己を実現することである。そして、その自己は社会のなかで実現される。したがって、社会が存立し、自己が実現されるためには、自分のしたいことをするという自由は制限されてよい。

　グリーンの考えは、自由を広く捉え、社会との関わりを示すことで、自由を擁護し、同時に、社会による個人の自由の制限を認める、というものです。そして、この考えが一つのきっかけになって、国家が個人の生活に関与する「福祉国家」が生まれました。

二つの自由

　以上の歴史をふまえて、現代イギリスのバーリンは、自由を大きく二つに分けています。

　バーリンによると、自由には、消極的な意味と積極的な意味があります。消極的な意味の自由とは、干渉されないこと、つまり、他人や社会によって強制されないことであり、積極的な意味の自由とは、自己を支配すること、つまり、自分自身の主人であることです。一般に、前者は「消極的自由」や「〜からの自由」と、後者は「積極的自由」や「〜への自由」と呼ばれています。

では、自由とは、具体的にはどのようなものでしょうか。消極的自由とは、たとえば、他人や社会に強制されずに自分のしたいことをすることや、国家に干渉されずに経済活動を行うことです。他方、積極的自由とは、たとえば、自分で自分を律することや、自己を実現することや、政治活動や社会活動に参加することです。

　このように、自由には、消極的自由と積極的自由の二つがあります。消極的自由を唱えたのは、ロック、スミス、ベンサム、ミルなどです。他方、積極的自由を唱えたのは、ルソー、カント、ヘーゲル、マルクス、グリーンなどです。

　そして、現代の議論では、消極的自由と積極的自由に対する考え方は、立場によって異なります。リバタリアニズムは、消極的自由だけを認め、積極的自由を認めません。他方、リベラリズムは、両方を認めたうえで、積極的自由をむしろ重視しています。

　リベラリズムは、消極的自由と積極的自由はともに、人間にとって重要であり、国家によって保証されなければならない、と主張しています。それに対して、リバタリアニズムは、積極的自由を認めることは、国家の干渉を正当化し、消極的自由を侵害することになる、と主張しています。このように、とくに積極的自由をめぐって、リベラリズムとリバタリアニズムは真っ向から対立しています。

•── 何の平等か

平等の歴史

　次に、平等とは何でしょうか。それはどのように考えられてきたのでしょうか。

古代や中世では、平等とは「等しき者を等しく扱う」ことでした。しかし、その一方で、人種・民族・階級・性別・能力・信仰といった違いを、人間にとって本質的な違いと考えて、それにもとづいて、人びとを差別してきました。

　ですが、近代になると、そうした違いに関わりなく、「すべての者を等しく扱う」ことが平等である、と考えられるようになりました。すべての人間は平等に作られ、平等な者として生きる。この考えも、人間としての自由という考えとともに、近代の市民社会の思想的な基礎となりました。

　「すべての者を等しく扱う」という平等には、大きく分けて、二つの意味があります。一つは、機会を等しくする、というものであり、もう一つは、結果を等しくする、というものです。前者は「機会の平等」と、後者は「結果の平等」と呼ばれています。

　近代では、この二つの平等をめぐって、対立が生じました。たとえば、社会主義は、真の平等を実現するためには、形式的な「機会の平等」だけでなく、実質的な「結果の平等」も認めるべきである、と主張しました。それに対して、自由主義は、「機会の平等」だけが真の平等であって、再分配を求める「結果の平等」を認めるべきではない、と主張しました。

　ですが、現代になって、社会主義が後退すると、「結果の平等」は唱えられなくなりました。そして、近年では、「機会の平等」のあり方が議論されています。たとえば、競争の最初の段階で、どこまで平等であるべきか、といった問題が論じられています。

　また、それとともに、「結果の不平等」のあり方も議論されています。それは、結果の不平等を認めたうえで、それをどう是正すべきか、という問題です。ロールズの正義論はこの問題に対する一つ

の解答です。

財の平等か、能力の平等か

さらに、「財の平等」か、それとも「能力の平等」か、という問題も論じられています。この問題を提起したのは、インド生まれの経済学者センです。

センによると、ロールズの正義論は、人間がよく生きるうえで必要な「社会的基本財」を取り上げ、その公正な分配について論じています。ですが、社会的基本財が与えられたとしても、さまざまな障壁のために、それを活かせない人びともいます。したがって、より重要なのは、そうした障壁を取り除き、人びとが社会的基本財を活かせるようにすることです。

そこで、センは「財の平等」よりも「能力の平等」を唱えます。センの言う「能力」とは、人間がよく生きるうえで必要な「基本的潜在能力」のことです。それは、たとえば、体を使って移動する、衣食住を営む、社会生活に参加する、といったことです。センの考えでは、平等とは、人びとがそうした潜在能力を等しく発揮できることです。

センは、「能力の平等」は「財の平等」よりも個人の多様性を考慮している、と主張しています。それに対して、先に見たように、ドゥオーキンは「資源の平等」を唱え、ロールズと同じ立場からでも、個人の多様性を考慮できることを示そうとしています。センの立場は「福利主義」と、ロールズやドゥオーキンの立場は「資源主義」と呼ばれており、現在も、福利主義と資源主義のあいだで議論が交わされています。

●── 共同体と正義

共同体に生きる人間

　最後に、話を正義に戻して、ロールズの正義論に対するもう一つの批判について見ておきます。その批判とは、ロールズの正義論では、個人が孤立した存在として考えられている、というものです。

　たとえば、アメリカのサンデルによると、ロールズの考える個人は、共同体から「独立した自我」、いわば「負荷なき自我」です。しかし、そのような個人は存在しません。じっさいには、個人は、共同体のうちに「位置づけられた自我」であり、共同体のなかで自己を見出し、他者とともに生きているのです。

　また、イギリス生まれのマッキンタイアによると、人びとは、たんなる個人としては、善を求めたり、徳を行ったりすることはできません。家族や社会の一員として、特定の役割を担っており、その役割にもとづいて、善を求めたり、徳を行ったりするのです。また、人びとは、共同体のなかで、それぞれの物語を作り、それを語り合い、認め合います。そうすることで、それぞれの人生を、統一したものとして考えることができます。

　さらに、カナダのテイラーによると、人間は、孤立した存在ではなく、共同体に生きる存在です。したがって、自己のアイデンティティは、共同体の文化や歴史によって規定されています。ただし、人間は、自己を解釈したり、反省したりすることができます。そして、そこから、共同体の文化や歴史を捉え直し、作り変えることもできます。

　サンデル、マッキンタイア、テイラーは、それぞれ独自の考えを

唱えていますが、人間を共同体に生きる存在と捉える点では、立場は共通しています。その立場は「コミュニタリアニズム」と呼ばれており、日本語では「共同体主義」と訳されています。そして、コミュニタリアニズムは、人間と共同体の関わりをめぐって、リベラリズムと大きな論争を行っています。

正義は多元的である

　では、コミュニタリアニズムは、正義について、どのように考えているのでしょうか。たとえば、アメリカのウォルツァーは、正義の原理が多元的であると主張しています。

　ウォルツァーの考えでは、分配の対象となる財は多様であり、分配のあり方も財に応じて異なります。そして、分配のあり方を決めるのは、財のもつ意味であり、その意味は社会的なもの、歴史的なものです。したがって、分配のあり方は、財のもつ社会的・歴史的な意味によって異なります。ウォルツァーはこのように主張し、ロールズの正義論を、多様な財を特定の正義の原理によって分配するものとして批判しています。

　そのうえで、ウォルツァーは、経済や政治といった、特定の領域の財が支配的にならないように、多様な財の分配が自立的になされるべきである、と論じています。その議論は、多様な領域における平等をめざすものであり、ウォルツァーは、みずからの立場を「複合的平等」と名づけています。

　そして、ウォルツァーの議論をきっかけとして、正義をめぐっても、コミュニタリアニズムとリベラリズムのあいだで、論争が行われています。

10
医療

　人は、生まれるときも、生きているあいだも、死ぬときも、「医療」の世話になります。医療は人間にとって無くてはならないものであり、人間の生き方に大きな影響を与えます。そこで、倫理学は医療についても考えます。

•── 医療と倫理

医療をめぐる問題

　現代の医療はさまざまな倫理的な問題を抱えています。では、倫理的な問題には、どのようなものがあるのでしょうか。

　まず、人間の生と死をめぐる問題があります。たとえば、生殖補助医療では、「体外受精」が開発され、多くのカップルが子どもをもてるようになりました。しかし、体外受精では、誰が子どもの親か、ということが問題になります。また、移植医療では、「脳死」患者から臓器を移植することが可能になり、多くの人が移植を受けられるようになりました。しかし、脳死に関しては、そもそも脳死は人の死か、という問題が生じます。

　次に、先端医療をめぐる問題があります。最先端の科学技術は、生殖補助医療や移植医療のように、「先端医療」として実用化されます。現在、実用化が進んでいるのが、遺伝子技術にもとづく「遺伝子診療」と「遺伝子治療」です。また、将来の先端医療として期

待されているのが、クローン技術にもとづく新たな「再生医療」です。しかし、これらについては、人間の生命を操作の対象としてよいのか、ということが問題になります。

さらに、医療制度をめぐる問題もあります。とくに重要なのは、医療者と患者の関係はどうあるべきか、という問題です。それは「患者の権利」の問題でもあります。また、「医療資源」をどう配分すべきか、といった問題や、医療が人間を支配するのか、人間が医療を規定するのか、といった問題もあります。前者は医療と社会に関する問題であり、後者は医療と人間に関する問題です。

生命倫理と医療倫理

そして、以上のような問題に取り組むのが「生命倫理」や「医療倫理」です。

もともと、医療の世界では、「ヒポクラテスの誓い」や「ナイチンゲール誓詞」がありました。ですが、それらは医師や看護師の職業倫理を説くものであり、医療をめぐる倫理的な問題に応えるものではありませんでした。生命倫理や医療倫理は、まさに、そうした問題に応えるなかで誕生しました。

そのきっかけとなったのは、患者の権利の問題です。医療不信や権利運動を背景にして、患者は自分の権利を意識するようになりました。そして、これまでのように、医者の判断にただ従うのではなく、自分の価値観や人生観に合わせて、治療法をみずから選ぶ権利を求めるようになりました。この権利は「自己決定権」と呼ばれています。生命倫理や医療倫理は、まず、患者の自己決定権を推し進めるものとして登場しました。

その後、生命倫理や医療倫理は、医療の進歩によって生じた問題

や、医療制度が抱える問題について考察するようになりました。そして、従来の医療のあり方を批判し、新たなあり方を探究するようになりました。

　現在では、「生命倫理」と「医療倫理」は区別されています。医療倫理は、医療をめぐる倫理的な問題を扱い、生命倫理は、それに加えて、生命をめぐる倫理的な問題も扱います。ここでは、医療倫理に絞り、人間の生と死、先端医療、医療制度をめぐる問題について考えることにします。

•── 人間の生と死

体外受精

　まず、人間の生をめぐる問題として、体外受精の問題があります。体外受精とは、その名のとおり、卵子と精子を体外で受精させる技術のことであり、医療の進歩によってもたらされたものです。

　体外受精をめぐっては、誰が卵子と精子を提供するのか、誰が子どもを産むのか、という問題があり、そこから、誰が子どもの親か、という問題が起こります。母親については、依頼者と卵子提供者と妊娠者の三人が考えられ、父親については、依頼者と精子提供者の二人が考えられます。このうち、誰を法律上の母親や父親とするかで、議論が分かれています。

　とくに問題になっているのは、「代理妊娠」や「代理母」です。多くの国では、人びとの道徳感情に反するために、代理妊娠は禁止されています。また、一部で、卵子や精子が売買されたり、代理妊娠に対して報酬が支払われたりすることも、大きな問題になってい

ます。これに対しては、人間の生命や身体を商品と見なすものとして、強い批判があり、ほとんどの国で禁止されています。

さらに、「子をもつ権利」と「子の福祉」の対立という問題もあります。女性には、自分の生殖のあり方を決める「リプロダクティブ・ライツ」という権利があります。そこで、生殖補助医療のうち、どの方法を選ぶかは、女性の自由です。しかし、方法によっては、子どもの福祉を損なう恐れもあります。それは、たとえば、親の愛情を失って十分な養育を受けられない、自分の出生のことを知って精神的に苦しむ、社会の偏見にさらされる、といったものです。

子をもつ権利と子の福祉をめぐっても、国によって対応が異なります。子をもつ権利を自己決定権として重んじる国もあれば、子の福祉に反しない限りで子をもつ権利を認める国もあります。

人工妊娠中絶

また、人間の生をめぐる問題として、「人工妊娠中絶」という問題もあります。中絶は、一般に犯罪とされていますが、多くの国では、例外的な場合に容認されており、実質的に合法化されています。ですが、倫理的には大きな問題です。

アメリカでは、現在も、女性の「産まない権利」を唱え、中絶の合法化に賛成する「プロチョイス」という立場と、胎児の「産まれる権利」を唱え、中絶の合法化に反対する「プロライフ」という立場があり、両者は真っ向から対立しています。

一つの争点は、胎児は「ひと」か、という問題です。プロライフは、人間の生命は受精の時点から始まるから、胎児はすでに「ひと」である、と主張しています。それに対して、プロチョイスは、胎児は成長のある時点で「ひと」になる、と主張しています。とく

に、「ひと」を「人格」と捉える「パーソン論」という立場は、胎児は「ひと」ではない、と主張しています。「人格」とは、苦痛を感じ、意識をもち、ものを考えることのできる存在のことです。

　もう一つの争点は、胎児の権利か、女性の権利か、というものです。プロライフは、中絶は胎児から生きる権利を奪う、と論じています。それに対して、プロチョイスは、女性には、自分の身体に対して不可侵の権利をもっており、胎児の生きる権利よりも優先される、と論じています。

　プロライフとプロチョイスの対立は、政治的な対立に至っていますが、両者の議論は、いぜんとして平行線を辿っています。

脳死

　次に、人間の死をめぐる問題として、脳死の問題があります。

　脳死とは、脳の機能が停止し、けっして回復しない状態のことです。ふつうは、脳の機能が停止すれば、肺や心臓も停止し、死に至ります。しかし、人工呼吸器などの使用により、脳の機能が停止しても、肺や心臓が活動し、生命が維持されるようになりました。脳死は、医療の進歩によって生み出されたものです。

　脳死については、脳死は人の死か、という問題が議論されてきました。脳死を人の死と考える人びとは、脳死患者は人格としての人間ではないから、あるいは、脳死によって人間としての統一性が失われるから、といった理由を挙げています。それに対して、脳死を人の死と考えない人びとは、人間を人格とする見方や、脳を人間の中心とする見方を批判しています。

　この問題に関して、とくに注意すべき点があります。それは、脳の機能が「けっして回復しない」というのは「現在の医療の水準に

おいて」である、という点です。医療がさらに進歩すれば、脳神経細胞の移植などによって、脳の機能を回復させることも可能になります。そうすると、「脳死」がなくなる可能性もあります。

　また、脳死については、脳死患者からの臓器移植という問題もあります。脳死を人の死と考える場合には、患者本人の事前の同意があれば、臓器の移植は正当化されます。しかし、脳死を人の死と考えない場合には、患者本人の事前の同意があっても、主要な臓器の摘出は患者を死なせることになるので、臓器の移植は正当化されません。このように、脳死患者からの臓器移植の問題は、脳死を人の死と考えるかどうかによって、大きく変わってきます。

　ちなみに、多くの国では、脳死の定義や判定基準は異なるものの、脳死は人の死と見なされており、一定の条件のもとで、脳死患者からの臓器移植が認められています。

安楽死と尊厳死

　続いて、より身近な問題として、「安楽死」や「尊厳死」という問題があります。

　安楽死とは、患者が不治の病に冒され、その死が迫っており、その苦痛が激しい場合に、患者が安らかな死を迎えるようにすることです。また、尊厳死とは、患者が不治の病に冒され、その死が迫っている場合に、患者が人間らしい死を迎えるようにすることです。両者は、個々の場合には、重なることがよくあります。そこで、一般には、安楽死という言葉で統一されています。

　安楽死の問題は昔からありましたが、現代では、とくに大きな問題とされています。それは、人工的な措置による「延命治療」の技術が向上し、多くの人が命を救われる一方で、回復の見込みもなく

生かされている人が増えたことによります。

　安楽死は、その方法によって、「積極的安楽死」と「消極的安楽死」に分かれます。積極的安楽死は、医師が患者に致死量の薬を投与するなどして、患者を死に至らしめるものです。それに対して、消極的安楽死は、医師が患者の延命治療を中止するなどして、患者を死に至らしめるものです。また、両者とは別に、「間接的安楽死」もあります。それは、患者の苦痛を緩和することで、結果として、患者の死期を早めるものです。

　安楽死についても、賛否両論があります。安楽死に反対する人びとは、人間が人間を殺してはならないと主張しています。また、安楽死を認めれば、歴史が示すように、安楽死の名のもとで虐殺が行われる恐れがあると論じています。

　それに対して、消極的安楽死に賛成する人びとは、消極的安楽死が「自然死」、つまり、人間が自然に生を終えることであると主張しています。そして、「死に方を選ぶ権利」を唱えています。また、安楽死の要件を厳しくすることで、かつてのような虐殺を防ぐことができると論じています。さらに、積極的安楽死に賛成する人びとは、人間が人格として生きていけない状況では、積極的安楽死が認められるべきであると主張しています。

　三種類の安楽死のうち、とくに問題にされるのは、積極的安楽死です。多くの国では、死期が迫っている、耐え難い肉体的苦痛がある、それを緩和する手段がない、本人の明確な意思がある、などの要件を満たした場合にのみ、積極的安楽死を容認しています。

生命の尊厳、生命の質

　人間の生と死をめぐっては、体外受精、人工妊娠中絶、脳死、安

楽死と尊厳死のほかにも、多くの問題がありますが、それらはいずれも、人間の生と死のあり方を問うものです。

　医療は、人間の生命を神聖なものと考え、それを守ることを最大の務めと考えてきました。この考えは、一般に「生命の尊厳」と言い表されており、延命治療もこの考えにもとづいています。ですが、医療の進歩は、延命治療が示すように、生命を守ることが、かえって人間を不幸にする、という事態も生み出しました。

　そこで、生命の尊厳そのものが問われるようになりました。人間の生命は神聖なものだが、その価値は至上のものではない。人間にとって重要なのは、たんに長く生きることではなく、よく生きることであり、よく生きるとは、充実した人生を送ることである。多くの人がそう考えるようになりました。

　このような考えは、英語で「クオリティー・オブ・ライフ」と呼ばれており、「生命の質」や「生活の質」と訳されています。そして、近年では、生命の尊厳よりも生命の質が求められるようになっています。

　しかし、生命の質という考えにも、大きな問題があります。この考えは、ある人のなかで、どの生が最も質が高いかを論じるものであって、人びとの生を比べて、どの人の生が最も質が高いかを論じるものではありません。しかし、そのように誤解される危険はつねにあります。なぜなら、人が自分の生について判断することは、時として、他人の生を評価することにもなるからです。

　そして、さまざまな生を評価することは、生きるに値するものと生きるに値しないものを区別することにつながり、さらに、前者を肯定し、後者を否定することにつながります。それは、人間の生に優劣の差を設け、優れた生を選び、劣った生を排する「優生思想」

に行き着きます。このように、生命の質という考えは、優生思想に至る可能性をはらんでいます。

　じっさい、人間を人格と捉えるパーソン論に対しては、それは優生思想にほかならない、という批判があります。なぜなら、パーソン論の立場では、たとえば、重度の精神障害者や認知症患者は、人格という要件を満たしていないことになるからです。また、先天的な異常をもった胎児に対する「選択的中絶」や、重い障害をもった新生児に対する「選択的治療停止」に対しても、それらは優生思想にもとづいている、という指摘があります。

　したがって、生命の質という考えに対しては、一定の制約を課す必要があります。問題は、生命の尊厳と生命の質のどちらを選ぶか、ということではなく、二つのバランスをどう取るか、ということにあります。

──　先端医療

遺伝子技術と医療

　最先端の科学技術はすぐに医療に応用され、先端医療として確立されます。その一つは、遺伝子技術にもとづく、遺伝子診療と遺伝子治療です。

　遺伝子診療は、遺伝性の疾患について、その疾患の遺伝子の有無を調べ、疾患の発症の可能性を評価するものです。この診療が普及した場合には、さまざまな問題が予想されます。たとえば、会社に就職したり、保険に加入したりするさいに、遺伝子診療を受けることを求められる可能性があります。そして、その結果、就職や加入

を断られたり、差別を受けたりすることも考えられます。

　また、遺伝子治療には、疾患の治療に必要な遺伝子を組み込んだ細胞を作り、それを体内に取り入れる、というものや、生殖細胞の段階で、疾患に関わる遺伝子を作り変える、というものがあります。前者については、すでに臨床研究が進んでおり、後者については、人間への適用が検討されています。この治療に対しては、安全性や有効性の問題が指摘されるだけでなく、人間の生命を操作の対象としている、という批判が出されています。

　さらに、遺伝子技術は、遺伝子診療や遺伝子治療をこえた可能性を示しています。たとえば、遺伝子操作による「人間改造」や、遺伝子情報にもとづく「社会改造」です。具体的には、生殖細胞の段階で遺伝子を改変して「デザイナー・ベビー」を作製する試みや、遺伝的な特性に応じて個人を適切に配置することで、効率的な社会を設計する試みが考えられています。こうした試みには、遺伝子による差別や不平等を生み出す、という問題があります。

クローン技術と医療

　次に、将来の先端医療の一つとして考えられているのが、クローン技術にもとづく新たな再生医療です。

　発生工学の分野では、「ES 細胞」が開発され、その応用が進んでいます。ES 細胞は、いろいろな細胞に分化する能力と、無限に増殖する能力をもっており、さまざまな組織や臓器になることもできます。そこで、将来は、ES 細胞をもとに、特定の細胞・組織・臓器を作製し、それを移植することも可能です。

　ただ、ES 細胞は人間の胚を解体して作製されます。そのため、多くの胚が必要となりますが、胚のコピーを作製する「クローン技

術」を使えば、多くのクローン胚を入手できます。そこで、再生医療では、クローン胚から ES 細胞を作製し、その ES 細胞から移植用の細胞・組織・臓器を作製することが考えられています。

　しかし、クローン胚も、人間の胚であることには変わりありません。したがって、胎児の場合と同じく、人間の胚は「ひと」か、という問題が生じます。胚が「ひと」であるとすれば、胚を解体して ES 細胞を作製することは殺人になります。

　ところが、発生工学はさらに進歩しており、最近では、人間の皮膚の細胞から、ES 細胞と同じような能力をもつ「iPS 細胞」が開発されました。したがって、人間の胚が「ひと」かどうかは、再生医療にとって問題ではなくなりました。

　もっとも、これですべてが解決したわけではありません。最大の問題は、再生医療は「治療」をこえて「不老不死」をめざすべきか、という問題です。

◆── 医療者と患者

患者の権利

　ここまで、人間の生と死、先端医療をめぐる問題について考えてきました。ここからは、医療制度をめぐる問題について考えていきます。

　医療制度の中核をなすのは、医療者と患者の関係です。それは、現代になって大きく変わりました。もともと、医者と患者は上下の関係にあり、医者が患者に治療を施す、という考えが一般的でした。この考えは「パターナリズム」と呼ばれています。

しかし、医者が患者の信頼を裏切る事件が多発し、また、権利を求める運動が高まるにつれて、患者は自分の権利を意識するようになりました。そうした状況をうけて、全米病院協会が「患者の権利章典」を制定し、世界医師会が「リスボン宣言」を採択するなど、患者の権利を確立する動きが本格的になり、患者の権利が認められるようになりました。

　患者の権利のなかでも、とくに重要なのは、先に述べた「自己決定権」です。それは患者の「自律」を意味しています。現代では、「善行」「無危害」「正義」と並んで、「自律尊重」が医療倫理の原則の一つとされています。

　そして、患者が自己決定権を行使するうえで望ましいのは、患者が、医師や看護師をはじめとする医療者と対等な立場にあることです。患者は、医療者から治療について説明を受け、医療者と協議したうえで同意し、治療法を選びます。このような考えは「インフォームド・コンセント」と呼ばれています。この言葉は、医療者と患者の対等な関係を表しています。

　こうして、医療者と患者の関係は、上下の関係から対等な関係に、言い換えると、パターナリズムからインフォームド・コンセントに変わりました。

　もっとも、患者の自己決定権については、大きな問題もあります。それは、自己決定権をどこまで認めるべきか、という問題です。たとえば、代理妊娠や積極的安楽死のように、ある人の自己決定が、ほかの人びとの生命の尊厳を侵害したり、否定したりすることがあります。そのような場合には、患者の自己決定権を制約することも必要になります。

患者をケアすること

　現代では、医療者と患者の関係だけでなく、医療のあり方も変わりました。その変化は「キュアからケアへ」と呼ばれています。「キュア」とは「治療」のことであり、「ケア」とは「世話」や「配慮」のことです。

　従来の医療は、患者の治療に特化されていました。ですが、患者の生命の質という立場から、そうした医療に対する反省が起こり、医療のあり方が問い直されるようになりました。そして、患者の世話や配慮が重視されるにつれて、キュアからケアへの転換が唱えられるようになりました。

　現在では、キュアからケアへの転換がなされ、看護だけでなく治療もケアの一つと考えられています。そして、患者をケアすることが医療の本務とされ、医療者がチームを組んで患者のケアにあたることが一般的になっています。その結果、医療者と患者の関係も、医者と患者という関係から、医療チームと患者という関係に変わっています。

　こうした変化がはっきりと現れているのは、「ターミナルケア」すなわち「終末期医療」の分野です。末期患者の「緩和ケア」を目的とする「ホスピス」が設立され、医療チームが患者に対して肉体的・精神的なケアを行っています。

● — 医療、社会、人間

医療資源の配分

　医療制度をめぐる問題には、医療資源の配分という問題もありま

す。医療資源には、医薬品、医療機器、医療施設などの物的な資源と、医師や看護師などの人的な資源がありますが、そうした資源には限りがあります。そこで、資源をどう配分すべきか、ということが問題になります。また、国の予算のうち、どれだけを医療に充てるか、さらに、医療予算のうち、それぞれの分野にどう配分するか、という問題もあります。

　資源の配分をめぐっては、効用か、公正か、という対立があります。たとえば、複数の患者に対して治療の優先順位を決めるときには、しばしば、治療の効果の高い患者が効果の低い患者よりも優先されます。この場合は、効用という観点から順位が決められています。ですが、その決め方では、治療の緊急性が考慮されない恐れが出てきます。また、そもそも、治療を受ける平等な権利が侵害されている、という批判があります。

　そこで、資源の配分においては、公正という観点が求められます。この観点では、すべての人に対して、治療を受ける権利が平等に与えられます。ただし、その権利が実質的なものであるためには、十分な資源を確保しなければならず、それには、十分な資金が必要です。そこで、通例では、より恵まれた人びとから、より多くを徴収する、という仕組みをとっています。ですが、この仕組みに対しては、それこそ不平等ではないか、という批判もあります。

　このように、効用という観点にも、公正という観点にも、それぞれ問題があります。それは、医療資源に限らず、あらゆる資源の配分に共通する問題です。

医療は人間を支配する

　さらに、医療という「制度」がもたらす問題もあります。それは、

医療が人間の考え方や生き方を支配する、という問題です。

　人間にとって、医療は無くてはならないものです。そして、何が「健康」で、何が「病気」であるのか、何が「正常」で、何が「異常」であるのか、それを決めるのは医療です。そこで、人間は、医療の考えを受け入れ、それに従って生きようとします。こうして、医療は人間の考え方や生き方を支配するのです。

　このような状況は「医療化」とも呼ばれています。それは、医療が人間のあらゆる生活に浸透し、人間がすべてにおいて医療に依存することです。オーストリアのイリイチは、この医療化に反対し、その克服を唱えています。イリイチによると、医療化は人間から主体性を奪います。そこで、人間の主体性を取り戻すためには、医療を独占する組織を解体し、医療を人間の自主的な管理のもとに置く必要があります。

　しかし、人間が医療化から脱することは困難です。なぜなら、社会が医療によって人間を管理しようとしているからです。社会は、出生から始まって、死亡に至るまで、人間の生活に介入してきます。社会のそうした権力を、フーコーは「生－権力」と名づけています。それは、医療という制度を打ち立て、人間をそれに従わせることで、目的を達成しようとします。その本来の目的は、人間の福祉ではなく、社会の経済的な利益です。

　では、人間は医療とどう向き合うべきでしょうか。フーコーの考えでは、人間は「生－権力」から逃れることはできませんが、それに抵抗することはできます。そして、そうすることで、医療の考えに従って生きるのではなく、自分自身の考えにもとづいて生きることが可能になります。

人間が医療を規定する

　たしかに、医療という制度が人間の考え方や生き方を支配することは事実です。しかし、反対に、人間の考え方が医療のあり方を規定することもあります。というよりも、そちらのほうがむしろ日常的です。

　たとえば、生殖補助医療が進歩した背景には、多くのカップルが自分の子どもを強く望んでいることがあります。体外受精などの技術は、そうしたニーズに応えるために、新たに開発されたものです。この場合には、「自分の子ども」という考え方があって、それが生殖補助医療を推し進めています。

　ただし、「自分の子ども」という考え方の背後には、社会の価値観があります。現在でも、女性は結婚して子どもを産むのが幸せである、というのが「社会の常識」です。そうした常識は、しばしば、子どもに恵まれないカップルにとって「圧力」になります。そこで、多くのカップルが、どのような代償を払ってでも、生殖補助医療を受けようと考えるのです。

　このように、医療のあり方は人間の考え方に規定され、さらに、人間の考え方は社会の価値観によって規定されています。「自分の子ども」というのは「欲望」にすぎない、という意見もありますが、そうとは言い切れません。もっとも、現代の医療に求められているものには、「デザイナー・ベビー」のように、今のところ、たんなる欲望でしかないものもあります。

　そこで、医療は人間の欲望をどこまで満たすべきか、ということが問題になります。それは、医療者だけでなく、すべての人が考えるべき問題です。

11

....

環境

　科学技術は、工業を発展させ、人間の生活を豊かにしました。し
かし、その一方で、自然を破壊し、人間の生命や健康にも害を及ぼ
しました。今では、「環境」の問題は人類の存亡に関わる問題にな
っています。そこで、倫理学は環境についても考えます。

•── 環境と倫理

環境問題

　「環境問題」とは、工業化によってもたらされる環境破壊や環境
汚染のことです。それらはまず、大気汚染、水質汚濁、地盤沈下な
どの「公害」として現れました。日本でも、水俣病をはじめとする
公害が起こり、大きな社会問題となりました。また、乱開発による
自然環境の悪化も問題になりました。

　その後、環境破壊や環境汚染は、国境を越え、地球規模で進行し
ました。たとえば、化石燃料の使用などによる「温暖化」、フロン
ガスの排出による「オゾン層破壊」、硫黄酸化物や窒素酸化物を含
む「酸性雨」、焼畑農業、過放牧、商業伐採などによる「森林破
壊」や「砂漠化」があります。それらは「地球環境問題」と呼ばれ
ています。

　さらに、「化学物質汚染」もあります。近年、化学物質が生物に
悪影響を及ぼすことが明らかになってきました。それらの多くは、

体内のホルモンを混乱させ、生殖器官の発達異常を引き起こすものであり、「環境ホルモン」と呼ばれています。なかでも、廃棄物の焼却によって発生する「ダイオキシン」は、ガンや奇形を生み出す性質があるとされ、新たな公害として問題になっています。

こうした環境破壊や環境汚染は、森林、湖沼、海洋といった「生態系」を破壊し、生物種を減少させるなどして、生物の存続を脅かしています。また、温暖化による海面上昇や自然災害の増加に見られるように、自然環境そのものを消滅させる事態も引き起こしています。さらに、環境破壊や環境汚染に関連するものとして、廃棄物の蓄積、資源の枯渇、食糧危機などもあります。これらも、広い意味の環境問題に含まれています。

環境問題に対して、各国は、法律を制定するなどして、対策を行ってきました。また、国際社会も、会議を開催し、条約を締結するなど、一定の取り組みを行ってきました。そして、そうした流れのなかで、「宇宙船地球号」「かけがえのない地球」「地球規模で考え、足元から行動を」「自然との共生」「エコ」といったスローガンが唱えられるようになりました。

環境倫理

ところで、各国の対策や国際社会の取り組みとは別に、「自然保護運動」も行われてきました。有名なものとして、イギリスで始まった、自然環境や歴史環境の保護を目的とする「ナショナル・トラスト」という市民運動や、原生の自然の保存をめざす、アメリカの「ウィルダネス」という運動があります。

こうした運動を支えてきたのは「自然保護思想」です。近代の多くの思想は、人間を中心に考え、自然を人間の生活の手段と見なし

ました。それに対して、自然保護思想は、自然があらゆる生命の源であり、固有の価値をもつと主張しました。代表的な思想家として、アメリカのエマーソン、ソロー、ミューアがいます。

　そして、現代になると、アメリカのレオポルドが、生物共同体を基準とする「土地倫理」を提唱しました。また、アメリカのカーソンが、農薬による生態系の破壊を告発し、未来の世代に対する責任を強調しました。

　さらに、自然保護思想から「環境倫理」が生まれました。それは、地球の有限性、生物の保護、未来の世代に対する責任を唱える思想として出発しましたが、その後、学問として確立され、現在に至っています。学問としての環境倫理は、環境をめぐる原理的な問題について考察するものです。そして、それをもとに、環境に対する人間の考え方を批判し、新たな考え方を唱えるものです。

　環境をめぐる原理的な問題としては、動物や自然の地位の問題、未来の世代への義務や責任の問題、環境における正義の問題、経済と環境をめぐる問題などがあります。ここでは、それらについて見ていくことにします。

●── 動物

動物の解放

　まず、動物の地位の問題ですが、それは人間の地位の問題でもあります。近代では、人間は、理性をもち、言語を話すといった点で、特別な存在と考えられていました。しかし、ダーウィンは、精神的な能力において、人間と高等動物のあいだには、程度の差しかない

ことを明らかにしました。だとすると、動物は人間と同等の存在ということになります。そこで、動物をどのように扱うべきか、ということが問題になりました。

オーストラリア生まれのシンガーは、動物を人間と同等の存在と考え、次のように論じています。動物は、人間と同じく、感覚や感情をもっており、その意味で、利害をもっている。したがって、動物の利害も平等に配慮すべきである。にもかかわらず、人間ではないという理由だけで、動物を差別するのは「種差別」にほかならない。シンガーはこのように論じて、種差別の撤廃を求め、「動物の解放」を唱えています。

もっとも、シンガーは、すべての動物を人間と等しく扱うべきである、と主張しているわけではありません。「感覚をもつ」動物の利害を平等に配慮することを主張しているのです。また、畜産や動物実験を否定しているのでもありません。多くの動物は死というものを理解できません。そこで、動物が快く生き、苦しまずに死ぬという条件が満たされるならば、畜産や動物実験は許されます。

ですが、シンガーの考えに従うと、たとえば、人間の胎児は感覚をもたず、死も理解できないから、その生命を奪ってもよい、ということになります。じっさい、シンガーは人工妊娠中絶を認めており、そのために、多くの非難を受けています。

動物の権利

シンガーの「動物の解放」は大きな反響を呼びました。それをうけて、アメリカのリーガンは「動物の権利」を主張しています。

リーガンは次のように論じています。シンガーの考えでは、人間の利益が動物の生命よりもまさる場合には、動物の生命を奪うこと

が正当化される。しかし、多くの動物は、自分の欲求をもち、その実現をめざす「生命の主体」であり、人間の利益のための手段としてではなく、それ自体として「固有の価値」をもっている。そして、固有の価値をもつ存在は、尊重をもって扱われる「権利」を等しくもっている。

リーガンはこのように論じ、多くの動物は、生命の主体として固有の価値をもっており、それゆえに権利をもっている、と主張しています。そして、リーガンによると、1歳以上の哺乳類は生命の主体と考えられます。したがって、それらに対しては、いかなる畜産や動物実験も許されません。

シンガーやリーガンの議論は極端に思われるかもしれません。ですが、人間と動物の違いが相対的なものにすぎないとすれば、かれらの議論を受け入れざるをえません。なぜなら、同等の存在は平等に扱われるべきであり、そうしないのであれば、動物に対して行うことを、人間に対しても行うのを認めることになるからです。その意味で、「動物の解放」や「動物の権利」は、人間どうしの関係を問い直すものでもあります。

ちなみに、近年では、「動物福祉」という考えも生まれています。それは、畜産や動物実験に関わって、家畜や実験動物の飼育環境を改善するなど、動物の生活の質の向上をめざすものです。

── 自然

人間と自然

次に、自然の地位の問題ですが、正確に言うと、それは人間と自

然の関係の問題です。両者については、人間は世界の中心であり、自然は人間のためにある、という考えがあります。このような考えは「人間中心主義」と呼ばれています。

　人間中心主義は、古代の宗教や思想にも見られます。たとえば、旧約聖書には、神はみずからに似せて人間を創り、人間にほかの生物を治めさせた、と記されています。また、アリストテレスは、自然の世界が人間を頂点とすると考え、植物は動物のために存在し、動物は人間のために存在する、と述べています。

　人間中心主義は、近代の思想にも見られます。たとえば、イギリスのベーコンは、自然を、人間が支配し利用するものと論じています。また、デカルトは、人間を「精神」と、身体や自然を「物体」と捉えたうえで、とくに生物を「機械」と見なしています。ベーコンやデカルトの考えは、人間中心主義の原型となり、近代の科学技術を進歩させ、工業を発展させたと言われています。

　ですが、一方で、科学の進歩によって、人間と動物が似ていることが明らかになり、他方で、工業の発展によって、環境問題が生じると、人間中心主義に対する疑念が生まれ、自然保護運動が起こりました。そして、人間は世界の中心にあるのではなく、自然の一部であり、自然はそれ自体で価値をもつ、と考えられるようになりました。このような考えは「非人間中心主義」や「自然中心主義」と呼ばれています。

　これに対して、人間中心主義は、環境問題への反省から、環境問題を生じさせないような仕方で、自然を利用すべきである、と考えるようになりました。このような立場を「緩やかな人間中心主義」と言います。

　人間中心主義と非人間中心主義は激しく対立しました。たとえば、

自然の保護をめぐって、人間中心主義が、自然を利用しつつ保護する「保全」を唱えたのに対して、非人間中心主義は、人間の手を加えずに自然を保護する「保存」を唱えました。

自然の価値

　現代の環境倫理は、基本的には、非人間中心主義の考えをとっていますが、自然の価値をめぐって、さまざまな立場に分かれます。

　非人間中心主義は、自然は、人間の生活の手段として価値をもつだけでなく、むしろ、それ自体として価値をもつ、と考えます。前者の価値を「手段的な価値」と、後者の価値を「内在的な価値」と言います。非人間中心主義は、自然に内在的な価値を認めるものですが、その場合、「自然」をどう捉えるのかによって、立場が異なってきます。

　たとえば、先に見た、動物解放論や動物権利論は、動物に固有の価値を認める点で、非人間中心主義の一つですが、固有の価値を認められるのは、「感覚をもつ」動物に限られます。このような立場は「感覚中心主義」や「有感主義」と呼ばれています。それに対して、感覚をもつ動物だけでなく、「生命をもつ」存在はすべて、内在的な価値をもつ、という立場があります。この立場は「生命中心主義」と呼ばれています。

　感覚中心主義と生命中心主義は、すべての生物が内在的な価値をもつのか、という点で対立しています。ですが、個々の生物の価値を問題にしている点では共通しています。それに対して、内在的な価値は、個々の生物に存するのではなく、さまざま生物から成る「生態系」に存する、という立場もあります。この立場は「生態系中心主義」と呼ばれています。

感覚中心主義や生命中心主義のような「個体論」と、生態系中心主義のような「全体論」では、しばしば見解が異なります。個体論は、個々の生命を奪う行為に対して、つねに反対します。一方、全体論は、生態系が保たれる限りで、そうした行為を容認します。ですが、それは、場合によっては、生態系を保つ目的で、個々の生命を奪う行為を正当化することにもなります。この点が個体論から批判されています。

　とはいえ、自然に内在的な価値を認める点では、個体論と全体論の考えは一致しています。そして、両者とも、自然の内在的な価値にもとづいて「自然の権利」を唱えています。

•── 未来の世代

未来の世代への義務

　ここまで、動物や自然の地位の問題について見てきました。続いて、未来の世代への義務や責任の問題について見ていきます。この問題は「世代間倫理」とも呼ばれています。

　現在の世代は、資源を大量に消費し、環境破壊や環境汚染を生み出しています。こうした状況が続けば、将来、資源が枯渇し、環境が劣悪になって、未来の世代が犠牲を強いられることが予測されます。では、現在の世代は、未来の世代に対して、そうした事態を防ぐ義務があるのでしょうか。この問いについては、そのような義務はないとする立場と、あるとする立場に分かれます。

　前者は次のように論じています。義務は権利に対応するものであり、権利と義務は契約によって成立する。だが、未来の世代と契約

を交わすことはできない。なぜなら、未来の世代が存在しないからである。また、契約を交わすには、考えが共通していなければならない。だが、未来の世代の考えを想像することはできない。それゆえ、やはり契約を交わすことはできない。したがって、未来の世代への義務はない。

それに対して、後者は次のように論じています。義務は必ずしも権利に対応するものではない。たとえば、親は子に対して一方的に義務を負っている。それゆえ、契約が交わされなくても、義務は成立する。したがって、未来の世代への義務はある。

また、後者には、先に述べたロールズの正義論を用いて、未来の世代への義務を導こうとする試みもあります。それによると、無知のヴェールのもとで、人びとは自分がどの世代に属するのかを知らずに、正義の原理について討議します。そこで、人びとが合意に達するならば、その正義の原理は、のちの世代のために資源を残し、環境を守る義務を課すものであるはずです。したがって、いわば架空の契約によって、未来の世代への義務は成立します。

未来の世代への責任

さらに、未来の世代への義務があるのか、という議論とは別のところで、ドイツ生まれのヨナスは、未来の世代への「責任」を唱えています。

ヨナスの「責任」は、「自分の行為に対して責任をもつ」という意味の責任ではなく、「あるものが存在できるかどうかが自分にかかっているときに、それに対して責任をもつ」という意味の責任です。そのような責任を、ヨナスは「乳飲み子」を例にとって説明しています。

乳飲み子は自分だけで生きることができません。周りの人びとが乳飲み子を守らなければなりません。守らなければ、乳飲み子は死にます。つまり、乳飲み子が「いる」ということが、周りの人びとに対して、乳飲み子を守る「べき」であるという責任を負わせるのです。その責任は、明らかで差し迫ったものです。

　ヨナスはこのように説明し、乳飲み子への責任を、責任の原型としています。ヨナスの考えでは、責任とは、存在を脅かされているものに応えることです。そして、未来の世代は、乳飲み子と同じく、存在を脅かされているものなのです。

　ヨナスの考えは、未来の世代だけでなく、「自然」にも適用することができます。そのこともあって、ヨナスの責任論は、環境倫理において強い影響力をもっています。

持続可能な開発

　環境倫理の議論と並行して、国際社会でも、未来の世代の利益を守る取り組みがなされています。そのキーワードとされているのが「持続可能な開発」です。この言葉は、「環境と開発に関する世界委員会」が 1987 年に出した報告書によって広まりました。

　その報告書によると、持続可能な開発とは、「未来の世代が自分の欲求を満たす能力を損なうことのないように、現在の世代の欲求を満たすことができる」開発のことです。そして、報告書では、持続可能な開発の条件として、自然環境の保護を唱えています。

　もっとも、「持続可能な開発」という言葉はあいまいであり、さまざまに解釈されてきました。「持続可能」については、今日では、
(1) 再生可能な資源は、再生の速度を超えないように利用すること、
(2) 再生不可能な資源は、再生可能な資源で代替できる速度を超え

ないように利用すること、(3) 廃棄物は、自然環境が吸収し浄化する速度を超えないように排出すること、という三つの条件を満たす場合に、「持続可能」と考えられています。

　他方、「開発」については、大きな問題があります。元の言葉は英語の「ディベロップメント」であり、「開発」と「発展」の両方を意味しています。そこで、「ディベロップメント」をどちらの意味でとるかによって、考えも変わってきます。「開発」の場合には、経済や産業の「成長」として、「発展」の場合には、人間の生活や能力の「向上」として考えられるのが一般的です。

── 環境と正義

環境に関する南北問題

　次に、現在の世代に関わる問題について見ていきます。その一つは、環境における「正義」の問題です。それは、具体的には、環境に関する「不平等」や「格差」の問題です。

　まず、国際社会では、先進国と発展途上国の格差の問題があります。1992 年の「国連環境開発会議」では、環境保護を唱える先進国に対して、経済成長を求める途上国が激しく反発しました。先進国は、途上国から資源を収奪し、途上国や地球の環境を破壊しておきながら、途上国が開発を進めようとすると、環境保護を理由に、それを阻止しようとしており、明らかに不公正である。これが途上国の考えでした。

　結局、先進国と途上国は、持続可能な開発をめざすことで合意に達しました。先進国は「持続可能」によって、途上国は「開発」に

よって、みずからの主張が認められたと解したのです。この会議では、「持続可能な開発」は、現在の世代と未来の世代の調和ではなく、先進国と途上国の調和を示す言葉として用いられました。

　そのことは別として、この会議で明らかになったのは、先進国が環境を破壊し、途上国が被害を受ける、という事実です。ここに、大きな不平等があります。さらに、資源の消費についても、先進国と途上国のあいだには、大きな格差があります。こうした不平等や格差の問題は、環境に関する「南北問題」と言われています。

　南北問題に関して、かつて、アメリカのハーディンは「救命ボートの倫理」を唱えました。それは、先進国を、定員に余裕のあるボートとし、途上国を、定員を超過したボートとして、ボートから投げ出された途上国の人びとを、先進国のボートに乗せるかどうかを問うものです。ハーディン自身は、この問いによって、途上国への援助が人口爆発を引き起こし、環境問題を悪化させていることを示して、援助の中止を主張しました。

　ハーディンの「救命ボートの倫理」は、環境に関する南北問題に気づかなかった、当時の先進国の論理を示すものでした。現在では、このような立場は否定されています。

環境における差別

　環境に関する不平等や格差の問題は、国際社会に限りません。国内でも、さまざまな問題が生じています。

　たとえば、アメリカでは、有害廃棄物処分場の多くが、アフリカ系やヒスパニック系のアメリカ人が大半を占める地域に作られたり、放射性物質の開発が先住民の居住地で行われたり、有色人種への健康対策が遅れたりしました。そして、こうした事実が明らかになる

と、「環境人種差別」であるとして、抗議運動が起こりました。

　さらに、環境問題が、人種差別だけでなく、階級差別や所得差別とも絡んでいることが明らかになるにつれて、抗議運動は、有色人種だけでなく、労働者階級や貧困層にも広がり、やがて「環境正義」運動と呼ばれるようになりました。そして、環境正義運動は、さらに展開されて、現在では、環境問題全体を取り上げ、途上国、未来の世代、自然も対象とするようになっています。

　環境正義は、狭い意味では、すべての人種、階級、所得層に対して公平な環境保護を求めるものであり、広い意味では、持続可能で公正な社会をめざすものです。どちらの意味でも、強者や富者が環境を破壊し、弱者や貧者が被害を受ける、という不平等を克服し、環境における強者と弱者、富者と貧者の格差を是正することを目的にしています。この考えは、環境保護と社会正義を結びつけるものであり、環境倫理の新たな展開とされています。

•── 経済と環境

産業社会をこえて

　最後に、現在の世代に関わる問題として、経済と環境をめぐる問題について見ることにします。それは、具体的には、環境問題を生み出す「産業社会」をどう乗り越えるか、という問題です。

　産業社会の大きな特徴は「大量生産・大量消費・大量廃棄」です。産業社会では、大量のモノやサービスが生産され、人びとによって消費され、廃棄されていきます。そうしたあり方が、資源を浪費し、環境を破壊していくのです。

ですが、大量生産・大量消費・大量廃棄が生まれたのはなぜでしょうか。それは、産業社会が経済的な社会であるためです。経済の立場からすると、一つのものを大量に生産するのが、最も収益が上がります。また、新しいものを生産することで、さらに収益が上がります。そこで、新しいものを大量に生産しつづけ、人びとに消費させては廃棄させていく、という方式が生まれたのです。

また、産業社会は、自由な経済競争にもとづく社会です。そのことに関連して、次のような議論もあります。誰でも自由に利用できる、共有の牧草地があるとする。人びとは自分の牛をできるだけ多くそこに放そうとする。その結果、牧草地は牛であふれ、荒れてしまう。これが「共有地の悲劇」である。

この議論を出したのはハーディンです。ハーディンは、環境を「共有地」にたとえて、人びとが自分の利益を求めて自由に競争するならば、結果として、環境が破壊される、と論じています。自由な社会は環境を破壊する、というハーディンの主張は、産業社会にも当てはまります。

では、産業社会を乗り越えるには、どうすればよいのでしょうか。それについては、さまざまな提案がなされています。

たとえば、ドイツ生まれのシューマッハーは、「技術」を転換することを提案しています。従来の技術は、大規模で複雑で高価であり、資源を大量に使用し、環境を破壊するものでした。そこで、シューマッハーは、それに代えて「中間技術」を唱えています。中間技術は、小規模で単純で安価であり、資源の利用を少量に抑え、環境に配慮するものです。そのような、環境との共存をめざす技術は、「オルタナティヴ・テクノロジー」と呼ばれています。

エコロジー

　また、産業社会を乗り越える思想や運動として、「エコロジー」
があります。

　エコロジーは、厳密には、「学問としてのエコロジー」と「思想
や運動としてのエコロジー」に分かれます。学問としてのエコロジ
ーとは「生態学」のことであり、自然環境における生物の相互関係
を研究するものです。それに対して、思想や運動としてのエコロジ
ーとは、一般に「環境保護思想」や「環境保護運動」のことであり、
自然環境の保護を目的として、社会の制度改革や人間の意識変革を
めざすものです。

　エコロジーは、もともと、生態系を研究する学問として成立しま
した。ですが、そこから、生態系の保護を提唱し、産業社会を批判
する思想や運動が起こりました。そして、環境問題が深刻になると、
環境保護を唱える多様な思想や運動が現れ、「エコロジー」と呼ば
れるようになりました。現在では、先に述べた「自然保護思想」や
「自然保護運動」もエコロジーの一つと見なされ、環境倫理もエコ
ロジーから生まれたと考えられています。

　思想や運動としてのエコロジーには、さまざまな立場があります
が、最も有名なのは、ノルウェーのネスの「ディープ・エコロジ
ー」です。ネスは、人間中心主義を批判し、すべての生命が平等な
権利をもつと主張しました。そして、人間は、「自己」を個人から
生命圏へと拡大して、自然と一体化することによって、自己を実現
する、と論じました。

　ネスのディープ・エコロジーは、環境問題を根本から問い直すも
のとして、のちの思想や運動に大きな影響を与えました。もっとも、
ディープ・エコロジーに対しては、自然による人間の支配を説く

「エコファシズム」である、という批判があります。また、エコロジーの内部からも、環境正義の問題に対する意識がない、という批判がなされています。

循環型社会へ

　エコロジーがめざす、社会の制度改革と人間の意識改革は、少しずつ前進しています。

　社会については、現在、「産業社会」から「循環型社会」への移行が図られています。循環型社会とは、資源の消費を抑え、環境への負荷を減らす社会のことです。具体的には、廃棄物を減量する「リデュース」、再利用する「リユース」、再生利用する「リサイクル」という「3R」を実施し、それによって、「適正生産・適正消費・最小廃棄」を実現しようとするものです。

　循環型社会に対しては、当初、経済が停滞するのではないか、という懸念がありました。しかし、近年では、循環型社会への移行が、経済の活性化につながる場合もあることが明らかになっています。このことは、経済と環境が「トレード・オフ」の関係ではないことを、つまり、「経済成長は環境破壊を生み出し、環境保護は経済停滞を招く」というわけではないことを示しています。

　次に、人間については、近年、環境に対する意識が高まっています。また、環境に配慮したモノやサービスを求める「グリーン・コンシューマー」も現れました。もっとも、人びとが、モノやサービスを消費することを「豊かな生活」や「快適な生活」と考える限り、大量生産・大量消費・大量廃棄がやむことはありません。環境問題を解決するカギは、結局、人間の考え方のうちにあります。

12
科学技術

　人間は「科学技術」を生み出し、科学技術は人間の生き方を大きく変えてきました。科学技術は人間を幸福にしてきましたが、その一方で、人間を不幸にもしてきました。そこで、倫理学は科学技術についても考えます。

•── 科学技術と倫理

科学技術をめぐる問題

　科学技術は人間の生き方に大きな影響を与えます。たとえば、医療をめぐる多くの問題や環境問題は、まさに科学技術の進歩がもたらした問題です。では、科学技術をめぐる問題には、どのようなものがあるのでしょうか。

　まず、「先端科学技術」をめぐる問題があります。近年では、たとえば、「情報」「人工知能」「ロボット」の分野で、科学技術は急速な進歩を遂げました。そのおかげで、人間の生活は、それまでとは比べものにならないほど、豊かになりました。ですが、その一方で、「情報格差」や「情報犯罪」といった深刻な問題が生じました。また、人工知能を備えたロボットが人間に近づくにつれて、人間とロボットの関係が現実の問題になりつつあります。

　次に、科学技術の「責任」をめぐる問題があります。たとえば、科学技術は「リスク」を伴っており、重大な事故を引き起こすこと

があります。また、科学技術は「軍事利用」されて、多くの人命を奪うこともあります。その場合、科学者や技術者に責任があるのかどうか、あるとすれば、どこまで責任があるのか、どのような責任なのかが問題になります。

　さらに、科学技術と社会をめぐる問題もあります。科学技術は、人間の生き方だけでなく、社会のあり方にも大きな影響を与えます。それは、計り知れない利益を社会にもたらし、社会の発展を推し進めることもあれば、取り返しのつかない損害を社会にもたらし、社会の存続を危うくすることもあります。そこで、科学技術と社会の関係はどうあるべきか、あるいは、社会は科学技術とどう付き合うべきかが問題になります。

科学技術倫理

　そして、以上のような問題に取り組むのが「科学技術倫理」です。ただ、科学技術をめぐる問題は、近年になって取り上げられるようになったわけではなく、以前から議論されてきました。とくに議論されてきたのは、科学技術の責任をめぐる問題です。

　その象徴的な事例とされるのは、原子爆弾の開発です。第二次世界大戦のさなか、各国は原子爆弾の開発を推し進め、多くの科学者や技術者が開発に携わりました。そして、大戦の末期に、戦争の終結という名目で、アメリカが日本の広島と長崎に原子爆弾を投下し、無数の人命が一瞬にして失われました。そして、戦後、原子爆弾の開発に携わった科学者や技術者は、戦争に協力した責任を厳しく問われることになりました。

　また、以前から議論されてきた問題として、科学者や技術者による不正行為があります。一部の科学者や技術者は、富や地位や名声

を求めて、ねつ造、改ざん、剽窃、隠ぺいといった不正を行ってきましたが、競争が激化するにつれて、不正行為が頻発するようになりました。そして、不正行為が社会に重大な害悪をもたらすようになると、一般の人びとのあいだに、科学技術に対する大きな不信が生まれました。

　こうした事態を受けて、近年になって確立したのが、科学技術倫理です。科学技術倫理は、科学技術をめぐる倫理的な問題について考え、それにもとづいて、科学技術の倫理的なあり方を探る学問です。それは、「科学倫理」と「技術倫理」「工学倫理」に大きく分けられます。両者とも、かつては、専門職としての科学者や技術者に求められる職業倫理を指していましたが、今では、それに加えて、科学や技術に関する倫理的な考察や探究も含んでいます。

　具体的には、科学技術倫理は、科学技術の内部では、研究や開発の公正なあり方について考え、不正を防ぐために、規定や制度を作ったり、科学者や技術者に教育を行ったりします。そして、科学技術の外部では、とくに、科学者や技術者のさまざまな社会的責任について論じます。

　また、科学技術倫理に関連する活動として、「科学技術コミュニケーション」があります。科学技術コミュニケーションは、科学者や技術者が科学技術について市民に説明するという活動です。それは、科学技術の重要な社会的責任とされており、その意味で、科学技術倫理の一部をなすとも考えられています。

　以下では、科学技術の本性や成り立ち、現代の科学技術の特徴を見たうえで、先端科学技術、科学技術の責任、科学技術と社会をめぐる問題について見ていきます。

科学と技術の結合

そもそも、科学技術とは何でしょうか。科学と技術は、現代では、ひとことで「科学技術」と呼ばれるのが一般的ですが、もともとは、まったく別のものでした。たとえば、アリストテレスは知識を理論的な知識、実践的な知識、制作的な知識に分けていますが、それで言うと、理論的な知識に関わるのが科学であり、制作的な知識に関わるのが技術です。また、古代ギリシアでは、科学に携わる人びとと技術に携わる人びととは別の階級に属していました。

科学とは、一般に、真理や法則といった普遍的な知識の体系、あるいは、そうした普遍的な知識を探究し発見する活動のことです。科学は、広い意味では、学問と同じであり、知るという人間の営みに根差したものです。科学に携わる人びとは、日常生活から離れたところで、知的な好奇心にもとづいて、普遍的な知識を探究します。その目的はまさに普遍的な知識を発見することであり、それを日常生活で用いることは必ずしも目的ではありません。

それに対して、技術とは、一般に、ものごとを取り扱う方法や手段、あるいは、そうした方法や手段を作り出して用いる活動のことです。技術は、限定された意味では、制作と同じであり、作るという人間の営みに根差したものです。技術に携わる人びとは、日常生活のなかで、必要や欲求にもとづいて、ものごとを取り扱う方法や手段を作り出します。その目的は、そうした方法や手段をたんに作り上げることではなく、それを日常生活で用いることです。

このように、科学と技術はまったく別のものです。では、両者は

どのようにして結びつくことになったのでしょうか。

　歴史的には、中世末期と近代初期のヨーロッパで、科学と技術が結びつくようになりました。たとえば、レオナルド・ダ・ヴィンチは、みずから発見した科学的な知識を技術に応用しようとしました。また、ベーコンは「知は力なり」と唱えて、新しい学問は人間の生活に役立つ知識を探究すべきであると主張しました。こうして、近代になって、科学が普遍的な知識を発見し、技術がそれを応用するという仕方で、科学と技術が結合し、科学技術が誕生したのです。

現代の科学技術

　それでは、現代の科学技術とはどのようなものでしょうか。

　近代以降、科学と技術は結びつきを強め、一体化するようになりました。さらに、時代が進むにつれて、科学の研究のなかには、技術に応用することを、すなわち、実用化することを最初から目的としてなされるものも現れました。そして、現代になると、多くの科学研究が実用化という目的のもとでなされるようになりました。現代の科学技術は、科学に対する技術の優位、あるいは、技術のための科学という特徴をもっています。

　技術の優位という状況は、人間に対しても当てはまります。たとえば、ハイデガーによると、現代の技術は、あらゆるものを物資として利用しようとします。自然はもちろん、人間も物資として徴用されます。技術にとっては、あらゆるものが徴用される物資にすぎません。このような現代の技術の特徴を、ハイデガーは「総駆り立て体制」と名づけています。現代の技術は、人間をこの体制に組み入れることで、人間を支配しているのです。

　また、技術による人間の支配という状況は、身近なところにも見

られます。たとえば、人間は、携帯電話というものを考えつき、そのための技術を開発しました。ですが、携帯電話が実用化されると、人間はそれに合わせて生活せざるをえなくなりました。このように、人間の作ったものが、人間にとってよそよそしいものになり、人間を支配することを「疎外」と言いますが、この疎外のうちに、現代の技術による人間の支配を見ることができます。

　さらに、現代の科学技術は、別の仕方でも人間を支配しています。たとえば、科学技術は環境問題を引き起こし、それを解決するために、環境科学や環境技術という新たな科学技術が生まれました。それは、科学技術が引き起こした問題を、科学技術が解決しようとする、というものですが、それによって、人間は科学技術への依存をさらに深めていくことになります。言い換えれば、現代の科学技術は人間をさらに支配することになるのです。

　人間は、科学技術が引き起こした問題を受けて、科学技術に対して、そして、それを生み出した自分自身に対して、反省をすべきです。しかし、そうした反省をせず、問題の解決を科学技術に求めようとします。そうさせているのは、科学技術への素朴な信仰です。多くの人が、今も、科学が普遍的な知識を発見し、技術がそれを応用し、人間を幸福にすると信じています。このような科学技術への信仰が、現代の科学技術による人間の支配を支えています。

•—— 先端科学技術

情報

　ここまで、科学技術の本性や成り立ち、現代の科学技術の特徴を

見てきました。それを踏まえて、ここからは、科学技術をめぐる問題について見ていきます。その一つは、最先端の科学技術をめぐる問題です。

　科学技術は進歩し続けています。近年、急速に進歩した分野として、情報があります。まず、情報理論を基礎とする情報科学が誕生し、それを応用した情報技術が開発されました。そして、情報技術が産業に導入され、コンピュータのネットワーク化が始まり、それが一般にも広がり、インターネットの時代が到来しました。さらに、さまざまな検索システムやSNSが登場し、今日に至っています。

　現在では、情報技術なしには、日常生活は成り立ちません。ですが、情報技術の進展に伴い、深刻な問題も生じています。

　たとえば、「情報格差」や「デジタル・デバイド」という問題があります。それは、情報技術を利用できる人びとや地域と利用できない人びとや地域のあいだに生まれる格差のことであり、利用できない人びとや地域は「情報弱者」とも呼ばれています。情報格差には、一部の人びとや地域が日常生活に必要な情報を得られないという問題だけでなく、教育格差と結びついて、所得格差を拡大させるという問題もあります。

　また、「情報犯罪」や「サイバー犯罪」という問題もあります。それは、コンピュータ・ネットワークでなされる、あるいは、それを悪用した犯罪のことです。具体的には、情報の破壊・改ざん・ねつ造・不正取得・漏えい、詐欺、違法物の販売・公開、業務妨害、有害情報の発信、誹ぼう・中傷・脅迫、知的財産権やプライバシー権の侵害、不正アクセスなどがあります。こうした犯罪は、法的な規制や処罰があるにもかかわらず、止むことがありません。

　そこで、情報技術の進展に伴う問題を受けて、「情報倫理」も誕

生しました。情報倫理は、倫理綱領を作成したり、倫理教育を実施したりすることで、個々の問題に対応するとともに、その過程で生じる原理的な問題について考察します。原理的な問題とは、たとえば、コンピュータ・ネットワークにおいて「責任」や「所有」はどうあるべきか、人間の生活にとって「情報」はどのような意味をもつのか、といった問題です。

　ただ、さらに、「情報社会」における人間の生き方という問題もあります。情報社会では、情報が大量に与えられるために、人びとは自分で判断ができず、他人の判断に従い、誰もが同じように考え、動くようになります。また、インターネットが仮想の空間であり、自分を明かさずにいられるために、人びとは、現実の世界とはまったく異なる仕方で、他人と関わるようになります。このように、情報技術の進展は人間の生き方にも大きな影響を与えています。

　また、情報社会そのものにも問題があります。たとえば、インターネットでは、閲覧したウェブサイト、検索したキーワード、購入した商品、SNSでのやり取りなどが収集され、個人の好みや考えが特定されます。また、携帯電話や防犯カメラなどによって、個人の位置や行動も特定されます。情報社会はこのような仕方で人間を管理したり、監視したりする社会でもあります。そこで、個人は情報社会に対して自分を守らなければなりません。

人工知能、ロボット

　次に、今後、急速に進歩すると考えられる分野として、人工知能やロボットがあります。人工知能は、英語で「アーティフィシャル・インテリジェンス」と言い、「AI」と略されますが、理解・推論・判断などの知的な機能をもったコンピュータのシステムやソフ

トウェアです。ロボットは、特定の作業を自動で行う機械や装置であり、「自動機械」とも呼ばれます。

　人工知能やロボットは、すでに、さまざまな分野で実用化されており、今や、人間の生活に欠かせないものになっています。現在は、人工知能を備えたヒト型ロボットの開発が進んでいます。ヒト型ロボットは、人間の知的な機能や身体的な機能を補助したり、代行したりします。ですが、ヒト型ロボットをめぐっては、多くの問題が指摘されています。

　たとえば、ヒト型ロボットの行為に対して、誰が責任を負うのか、という問題があります。ロボットが人間に危害を加えたり、損害を与えたりした場合、その責任は製造者にあるのでしょうか、それとも、使用者にあるのでしょうか。あるいは、ロボット自身にあるのでしょうか。この場合、ロボットをたんなる製造物と見なすのか、それとも、それ以上のものと見なすのかによって、責任の所在も変わってきます。

　また、ヒト型ロボットに人間の機能をどこまで補助・代行させるのか、という問題もあります。たとえば、育児や介護など、家事のすべてをロボットに任せるとすると、家族の負担は大きく減りますが、場合によっては、育児や介護に支障をきたしたり、家族の関係が損なわれたり、家族そのものが不要になったりすることもあります。それは明らかに本末転倒です。

　さらに、ヒト型ロボットにどのような地位を与えるのか、という問題もあります。すでに、ロボットの知能は人間の知能と同等であるか、それを超えています。そのロボットに、人間と同じような感情を与え、人間と同じような倫理や価値観を学ばせることができれば、人間とほとんど変わらない存在になります。そうなると、人間

はロボットに自らと同じ地位を与えなければなりません。

　それに対しては、ロボットは生身の人間とは違う、という意見もあります。ですが、人間が身体をもった生命であることを強調するのであれば、人間に対する見方を変える必要があります。なぜなら、人間はこれまで、高い知能をもつという点で、他の生物から自分を区別してきたからです。

　ヒト型ロボットをめぐる問題は、人間とロボットの関係を問うものです。この先、ロボットにますます依存し、すべてを任せることになれば、人間は、ロボットに管理・支配されるだけでなく、人間としてなすべきことをしなくなり、もはや人間でなくなるかもしれません。そうした事態にならないよう、ロボットをどのような存在にするのか、ロボットとどのように付き合っていくのか、それを考える時期に来ています。

─── 科学技術の責任

リスクの問題

　続いて、科学技術の責任をめぐる問題について見ていきます。科学技術の責任が大きく問われるものとして、まず、リスクという問題があります。

　リスクとは、一般に、損失が生じる可能性のことであり、日本語で「危険」や「損害の恐れ」と言います。そして、どのような科学技術にも、リスクがあります。そこで、リスクを管理することが、科学技術の大きな責任になります。なぜなら、リスクを生み出したのは、科学技術にほかならないからです。リスクの管理という責任

は、「安全」に対する責任とも呼ばれますが、科学技術の重要な責任の一つとされています。

　まず、リスクを管理するには、リスクを正しく評価しなければなりません。たとえば、損失はそれほど大きくないが、しばしば発生するリスクもあれば、ほとんど発生することはないが、大きな損失をもたらすリスクもあります。また、容易に想定できるリスクもあれば、想定するのが難しいリスクもあります。専門家ではない一般の人びとは、このようなリスクを正しく評価できません。それができるのは、専門家である科学者や技術者です。

　そして、リスクを管理するとは、正しい評価にもとづいて、リスクをできるかぎり軽減することです。たとえば、自動車には、交通事故というリスクが伴います。交通事故を減らすには、一般の人びとが交通ルールを守るだけでは、十分ではありません。とくに、操作ミスや故障による交通事故については、それを未然に防ぐための安全装置を作る必要があります。それができるのは、やはり、科学者や技術者です。

　ただ、リスクを軽減するには費用がかかります。そのため、費用の面からリスクの軽減を見合わせることもしばしばあります。有名な事例ですが、ある自動車は燃料タンクが後ろにあって、追突されると炎上するというリスクがありましたが、自動車会社は、リスクの軽減にかかる費用と事故に対する補償の費用を比較して、その自動車を改良せずに販売し続けました。その結果、多くの人命が失われることになったのです。

　リスクの管理を行うことができるのは、専門家ではない一般の人びとではなく、専門家である科学者や技術者です。このことは、言い換えると、科学技術が生み出したリスクを管理するために、人間

はますます科学技術に依存せざるをえない、ということです。だからこそ、専門家としての科学者や技術者の責任は重大です。ただ、上の事例が示すように、リスクの管理という責任は、科学者や技術者だけでなく、企業なども負うべきものです。

軍事利用の問題

次に、科学技術の責任が大きく問われるものとして、軍事利用という問題もあります。

科学技術の軍事利用には、大きく分けて、二つの場合があります。一つは、軍事で利用することを目的として、科学の研究や技術の開発がなされる場合です。もう一つは、科学の研究や技術の開発がなされ、それが軍事に転用される場合です。

軍事利用を目的とする科学技術の場合、科学者や技術者の責任は明白であるように見えます。ですが、事情はそれほど単純ではありません。たとえば、原子爆弾の開発に携わった科学者や技術者の多くは、国民の義務として開発に携わったと述べています。それゆえ、科学者や技術者としての責任よりも、国民としての責任を問うべきかもしれません。それでも、大量殺戮兵器を開発したことからして、彼らの責任は一般の国民よりも重いといえます。

軍事に転用される科学技術の場合は、事情はさらに複雑です。兵器を製造したり使用したりするために、さまざまな科学技術が用いられています。また、最新の兵器を開発するために、最先端の科学技術が取り入れられています。もちろん、多くの科学技術は、軍事利用を目的とはしていません。ですが、少なくとも間接的には、軍事に関わっています。この場合、科学者や技術者には責任があるのでしょうか。

それについては、科学技術は中立的であり、用い方によって、善くも悪くもなる、それゆえ、科学技術が悪用されても、科学者や技術者に責任はない、という考え方があります。また、科学は真理や法則を発見することを目的としており、中立的である、それゆえ、技術が真理や法則をどのように応用しようとも、科学者には責任はない、という考え方もあります。

　ですが、現代では、こうした考え方は通用しなくなっています。現代の科学技術の多くは、特定の目的をもって進められますが、その目的は人間や社会にとって善いものであったり、悪いものであったりします。つまり、目的という点では、科学技術はけっして中立的ではありません。また、現代の科学は技術と一体化しており、技術から切り離すことはできません。それゆえ、現代の科学技術は、その目的に対しては、大きな責任があります。

　そこで、科学技術は、みずからの目的とするものがどのような形で転用されるのか、その可能性を見きわめ、それが悪用されないための方策を立てる必要があります。その限りで、軍事に転用される場合でも、科学技術には一定の責任があると考えられます。

科学者・技術者の責任

　リスクや軍事利用の問題は、科学技術の責任が大きく問われるものですが、科学者や技術者が責任を問われるのは、もちろん、それだけではありません。では、科学技術全般について、科学者や技術者には、どのような責任があるのでしょうか。

　まず、研究や開発における「公正」という責任があります。ねつ造、改ざん、剽窃、隠ぺいといった不正行為は、科学技術の存立に関わるものであり、けっして許されません。研究や開発において公

正であることは、科学者や技術者としての第一の責任です。この責任は、科学技術の内部に対するものですが、不正行為が実害を生むような場合は、科学技術の外部に対するものでもあります。

　また、研究や開発に関する「説明」という責任もあります。科学技術は、人間や社会に対して、利益を与えることもあれば、害悪を及ぼすこともあります。そこで、科学者や技術者には、自分が携わる科学技術のメリットやディメリット、安全性やリスクについて、一般の人びとに説明する責任があります。

　さらに、「製造物」に対する責任もあります。製品の欠陥によって損害を受けたとき、賠償を求めるには、製造者の過失を立証しなければなりませんでしたが、近年、「製造物責任法」が制定され、製品の欠陥を立証すれば、賠償を求めることができるようになりました。このように、身近なところでも、科学者や技術者の責任が問われるようになっています。

・── 科学技術と社会

科学技術コミュニケーション

　最後に、科学技術と社会をめぐる問題について見ていきます。

　科学技術は社会のあり方を大きく変えてきました。社会は、科学技術の進歩に伴って、農耕社会から、産業社会や工業社会、ポスト産業社会や脱工業社会、情報社会へと変容してきました。そして、それぞれの社会において、科学技術は社会に大きな影響を与えてきました。社会は、科学技術のおかげで、豊かで便利になりましたが、その一方で、科学技術によって、人命を失ったり、環境を破壊され

たりしました。現代では、人間だけでなく、社会も科学技術に支配されています。

　そこで、科学技術に支配されないためには、社会は、科学技術との関係について、あるいは、科学技術との付き合い方について考えなければなりません。そのためには、科学技術を知り、科学技術と対話する必要があります。そうした試みとして、近年、盛んになっているのが、科学技術コミュニケーションです。それは、科学技術の専門家と非専門家が意思の疎通をはかるという活動です。

　科学技術コミュニケーションには、大きく分けて、二つのタイプがあります。一つは、科学技術の専門家である科学者や技術者が、非専門家である一般の市民に対して、科学技術の内容・方法・社会的な役割について説明する、というタイプです。このタイプは、専門家が非専門家に教示するというものであり、啓蒙型モデルと呼ばれています。

　もう一つは、科学技術に関して、科学者や技術者が市民と対話し、市民が意思決定に参加する、というタイプです。このタイプは、専門家と非専門家が対話し、非専門家も参加するというものであり、対話・参加型モデルと呼ばれています。このタイプでは、対話が成立するために、科学者や技術者は市民の状況や考えを理解する必要があります。また、市民が科学技術に関する政策の決定に関与することが重視されています。

　そして、科学技術コミュニケーションは、さまざまな形で実践されています。第一のタイプとしては、学校教育、一般向けの講座・番組・図書などがあり、第二のタイプとしては、サイエンスカフェ、サイエンスショップ、コンセンサス会議などがあります。

科学技術と社会の関係

　では、科学技術と社会の関係はどうあるべきでしょうか。社会は科学技術とどう付き合うべきでしょうか。

　そもそも、科学技術を生み出したのは人間です。ですが、科学技術は、やがて、人間の手を離れ、ひとり歩きを始め、人間にとってよそよそしいものになり、人間を、そして、人間の社会を支配するようになりました。先に見たように、こうした状況を疎外と言いますが、それは人間や社会にとって避けられないものです。

　しかし、そこから脱することは可能です。その可能性を示しているのは、科学技術コミュニケーションです。それによると、社会は、まず、科学技術を知らなければなりません。そのうえで、科学技術と対話し、科学技術に関与しなければなりません。そして、そうすることで、社会は、科学技術に支配されず、いくらか主導権をもって、科学技術と良好な関係を築くことができるのです。

　社会が科学技術に支配されているのは、それを素朴に信仰し、それに身を任せて、それを知ろうとも、それと対話しようとも、それに関与しようともしないからです。科学技術を知り、それと対話し、それに関与することは、社会の、そして、社会に生きる人間の義務です。なぜなら、科学技術を生み出したのは、人間にほかならないからです。

　それゆえ、科学者や技術者には、科学技術について市民に説明する責任がありますが、それに応じて、市民にも、科学技術を知り、科学技術に関与する責任があります。科学者や技術者だけに責任を押しつけることはできません。市民は、科学者や技術者とともに、科学技術がどうあるべきかを決めなければなりません。それが、科学技術と社会のあるべき関係です。

13

ビジネス

　現代は「ビジネス」の時代です。すべての人がビジネスと関わりをもち、多くの人がビジネスの世界で生きています。ビジネスを抜きにして、人間の生き方を語ることはできません。そこで、倫理学はビジネスについても考えます。

━━ ビジネスと倫理

ビジネスをめぐる問題

　まず、ビジネスとは何でしょうか。それは、狭い意味では、商業上の取引のことですが、広い意味では、商売や事業、仕事や職業、企業や経営など、経済的な活動や世界のことです。

　そのようなビジネスにも、さまざまな問題があります。たとえば、企業と個人をめぐる問題として、リストラによる「大量失業」や「過労死」「過労自殺」があります。日本では、長期の不況のために、多くの企業でリストラが行われ、大量の失業者が生まれました。その一方で、仕事が過酷になり、過労死や過労自殺が増えました。会社を去るのも地獄、会社に残るのも地獄、という状況がずっと続いています。

　また、企業と社会をめぐる問題として、企業の「不祥事」があります。企業の不祥事には、消費者や住民の生命や健康を害する、製品の欠陥を隠して事故を引き起こす、食品の産地や消費期限を偽っ

て利益を上げる、事前に談合して公正な競争を妨げる、会計をごまかして株主に損害を与える、といったものがあります。こうした不祥事は、司法や行政による処罰や社会による制裁にもかかわらず、次々と起こり、無くなることがありません。

さらに、市場のモラルをめぐる問題として、「モラル・ハザード」があります。モラル・ハザードとは、ビジネスにおいて、企業や個人が道徳を欠き、道徳に反する行為を行い、道徳的な責任をとらないことです。その背景にあるのは、ビジネスと道徳は無関係である、あるいは、ビジネスと道徳は両立しない、という考え方です。この考え方は企業の不祥事の原因にもなっています。

それから、経済と人間をめぐる問題として、「労働の疎外」があります。労働の疎外とは、労働が、自発的なものではなく、強制的なものになること、あるいは、生きがいを与えるものではなく、生きがいを奪うものになることです。このような状況は、すでに近代の経済社会のうちに見られますが、現代の経済社会でも、状況は変わっていません。

ビジネス・エシックス

そして、以上のような問題について考えるのが「ビジネス・エシックス」です。

ビジネスの世界では、昔から「商道徳」や「職業倫理」があります。商道徳とは、商売のルールやマナー、理想や理念のことであり、職業倫理とは、専門職に求められる倫理のことです。ビジネス・エシックスは、もともと、商道徳や職業倫理と同じものでした。ですが、やがて、企業の相次ぐ不祥事などを背景として、ビジネスをめぐる倫理的な問題について考える「学問」になりました。

ビジネス・エシックスは、その名のとおり「ビジネス倫理」と訳されていますが、「ビジネス」の意味に応じて、さらに「経営倫理」「企業倫理」「経済倫理」などと訳されています。

　「経営倫理」は、経営をめぐる倫理的な問題を扱うものです。ここで言う「経営」とは「組織」の経営のことであり、「組織」には、企業のような営利組織だけでなく、政府や地方自治体のような公共組織、NGOやNPOのような非営利組織も含まれます。その意味で、経営倫理は「組織倫理」とも呼ばれます。そして、経営倫理のうち、とくに企業を対象にするのが「企業倫理」です。

　「経済倫理」は、市場や経済をめぐる倫理的な問題を扱うものです。ただし、それとは別に、経済学の伝統から生まれた〈経済倫理〉もあります。両者は、問題の扱い方は異なりますが、扱う問題は重なっています。

　また、ビジネス・エシックスは「制度」でもあります。制度としてのビジネス・エシックスには、大きく分けて、企業の倫理綱領や倫理教育などの「企業内制度」、企業の倫理評価などの「民間支援制度」、企業倫理関連法などの「公的支援制度」があります。

　以下では、企業と個人、企業と社会、市場のモラル、経済と人間といった、ビジネスをめぐる倫理的な問題について見ていきます。

•── 企業と個人

内部告発

　まず、企業と個人をめぐる倫理的な問題として、「内部告発」という問題があります。内部告発とは、組織の内部にいる者が、組織

の違法行為や不正行為を、組織の外部に対して告発することです。それは、組織の内部から見れば「裏切り」であり、組織の外部から見れば「勇敢」な行動です。そこで、内部告発の是非をめぐって議論が分かれています。

内部告発に反対する人びとは、内部告発が、組織に対する忠誠の義務や、組織の秘密を守る義務に反するものであり、反倫理的な行為である、と主張しています。それに対して、内部告発に賛成する人びとは、組織に対して忠誠の義務はないし、違法行為や不正行為に関して組織の秘密を守る義務もない、と論じています。そして、内部告発は、社会の一員としてなすべき義務であり、倫理的な行為である、と主張しています。

このように、内部告発を反倫理的な行為とするか、それとも、倫理的な行為とするか、議論は二つに分かれています。その背景にあるのは、組織の利益と社会の利益の対立です。反対派の人びとは、組織の利益という立場から、内部告発を反倫理的な行為と考えています。それに対して、賛成派の人びとは、社会の利益という立場から、内部告発を倫理的な行為と考えています。

問題は、組織と社会の関係です。組織は、社会から承認されなければ、存続することができません。しかし、社会も、組織がなければ、みずからを維持することができません。組織と社会はお互いに依存しています。したがって、組織の利益と社会の利益はともに考慮される必要があります。

そこで、反対派の人びとは、組織の違法行為や不正行為が社会の利益を損なうものである場合には、内部告発を例外的な行為として容認しています。また、賛成派の人びとも、組織の利益に配慮して、内部告発に一定の条件を設けています。その条件とは、正当な目的

をもつこと、正確な認識にもとづくこと、適正な手続きを経ること、といったものです。

過労死と過労自殺

　次に、企業と個人をめぐる問題として、過労死や過労自殺の問題があります。

　過労死や過労自殺の直接的な原因は、過重労働や長時間労働です。そして、過重労働や長時間労働をもたらしたのは、リストラによる人員削減に伴う、一人当たりの仕事の増加です。その限りでは、過労死や過労自殺は、不況に由来する問題に見えます。ですが、その背後には、「労働社会」や「労働中心主義」があります。

　労働社会とは、労働を基礎とし、万人が労働することを原則とする社会のことです。この社会では、人びとは、生きるために労働しなければならず、生活や人生の大半を労働に費やしています。そして、労働社会から労働中心主義が生まれます。それは、労働が人間の最も重要な本質である、という考え方です。人びとは、生活や人生の大半を労働に費やしているために、労働を最も大切なものと考えるようになります。

　さらに、労働中心主義は人間を労働へと強制します。人びとは、労働を最も大切なものと考えるがゆえに、労働することを当然と見なし、みずからに対して労働を強いるようになります。その結果、労働中心主義は、「働き過ぎ」「仕事中毒」「会社人間」を生み出すとともに、過重労働や長時間労働を正当化します。こうして、過労死や過労自殺が引き起こされるのです。

　したがって、過労死や過労自殺の問題を解決するためには、労働社会というあり方や、労働中心主義という考え方を乗り越える必要

があります。

終身雇用、任意雇用

　続いて、企業と個人をめぐる倫理的な問題として、「雇用」の問題もあります。

　日本では、長らく「終身雇用」がとられてきました。終身雇用とは、企業が従業員を定年まで雇用し、その代わりに、従業員は企業に全面的に従う、という慣行です。この慣行では、一定の条件を満たさなければ、企業は従業員を解雇することができません。

　ところが、リストラによる大量失業が社会問題になったことから、現在では、終身雇用に代えて「任意雇用」を取り入れることが考えられています。任意雇用とは、企業が従業員を自由に解雇できる、という慣行です。

　任意雇用はアメリカの伝統的な慣行です。もっとも、アメリカでは、業績不振のために一時的に解雇されても、業績回復によって再雇用されるという形で、あるいは、長く勤めることで雇用が保障されるという形で、実質的には、長期雇用が行われてきました。

　しかし、アメリカでも、近年では、長期雇用の実現が難しくなり、新たな雇用形態が考えられています。それは、企業が従業員に対して、長期雇用を保証しない代わりに、ほかの企業でも「雇用されうる能力」を身につける機会を提供する、というものです。日本で導入が検討されているのは、この考えにもとづく任意雇用です。

　任意雇用をめぐっては、議論が分かれています。任意雇用に反対する人びとは、企業が従業員を自由に解雇できるようになれば、従業員の権利が軽視されることになる、と論じています。それに対して、任意雇用に賛成する人びとは、企業には、従業員の就業能力を

高める機会を提供する義務が課せられるから、従業員の権利を軽視することにはならない、と反論しています。

　また、反対派の人びとは、終身雇用では、従業員が企業の一員として扱われるが、任意雇用では、従業員がたんなる労働力と見なされる、と主張しています。それに対して、賛成派の人びとは、終身雇用では、従業員の自由がほとんど認められないが、任意雇用では、従業員の自由が大幅に認められる、と主張しています。

　日本では、近い将来、任意雇用が取り入れられる可能性が十分にあります。そこで、議論のゆくえが注目されます。

•── 企業と社会

企業の社会的責任

　次に、企業と社会をめぐる問題として、「企業の社会的責任」があります。それは、英語では「コーポレート・ソーシャル・レスポンシビリティ」と言い、「CSR」と略されています。

　企業の社会的責任が論じられるきっかけとなったのは、企業による「公害」「欠陥商品」「事故・災害」という「三悪」です。企業は、利益を優先して、公害を生み出したり、欠陥商品を売ったり、事故や災害を起こしたりしました。それが社会問題になり、企業は社会的な責任を問われました。その後、企業の社会的責任をめぐる議論は、いったん下火になりましたが、企業の不祥事が相次いだこともあって、ふたたび盛んになり、今日に至っています。

　企業の社会的責任には、大きく分けて、経済的な責任、法的な責任、道徳的な責任の三つがあります。

経済的な責任とは、企業としての本務をなすことです。具体的には、優れた商品やサービスを提供すること、株主に利益を還元すること、税金を納めること、健全な経営を行うことです。

　法的な責任とは、企業に課せられた法律を守ることです。具体的には、公正な経済活動を行うこと、製品に対して責任をとること、説明責任を果たすこと、情報を開示することです。

　道徳的な責任とは、企業として倫理的な行動をとることです。具体的には、人権を尊重すること、職場を健全にすること、環境に配慮すること、社会に貢献することです。

　とくに、「社会貢献」活動は、英語では「フィランソロピー」と言います。企業によるフィランソロピーとしては、地域社会・福祉施設・教育機関・研究機関などに対する支援や援助、「メセナ」と呼ばれる、文化・芸術活動に対する支援や援助、地球環境問題への取り組みなどがあります。

　このように、企業の社会的責任には、さまざまなものが考えられています。そして、それらのうち、どれを社会的責任とするかによって、立場が分かれています。

　たとえば、アメリカの経済学者フリードマンは、企業の社会的責任は利潤を拡大することにある、と主張しています。そして、フリードマンのように、社会的責任を狭く捉えるか、それを否定する人びとは、次のように論じています。企業は、株主に利益を還元し、雇用を確保し、税金を納めることで、結果として、社会的責任を果たしている。企業には、社会貢献などの責任はなく、それらを企業に負わせることは、企業の活動を制約するものである。

　それに対して、社会的責任を広く捉える人びとは、次のように論じています。企業は、たんに利益を追求する経済的な存在ではなく、

さまざまな人と関わりをもつ社会的な存在である。したがって、企業には、一定の社会的な役割が求められており、それらを果たす責任がある。また、企業は、社会からいろいろな便宜を受けており、その便宜に報いる責任もある。

　このように、企業の社会的責任をめぐっては、それを狭く捉える立場と、広く捉える立場があります。現在は、後者が有力であり、社会的責任と言えば、社会貢献まで含めるのが一般的です。

企業は道徳的な主体か

　ところで、企業の社会的責任をめぐっては、より原理的な問題があります。それは、企業は責任をとりうる存在か、という問題です。一般に、企業は経済的な主体や法的な人格と見なされています。そこで、問題は、企業が道徳的な主体であるかどうかです。

　まず、道徳を人間に関わるものと捉えるならば、組織である企業は道徳的な主体ではありません。企業は、利潤を生み出すシステムであり、身体や感情をもった生身の人間とは異なります。

　ですが、法律と同じように、道徳を、行為を問題にするものと捉えるならば、企業は道徳的な主体になります。法律は、人間の行為だけでなく、「法人」としての企業の行為にも適用されます。それと同じく、道徳的な原則や規則を、道徳的な主体としての企業の行為にも適用することができます。

　ただし、ここで重要なのは、意思をもっている、ということです。意思をもたない存在に対しては、法律と同じく、道徳的な原則や規則を適用することはできません。したがって、意思をもつことが道徳的な主体であることの条件になります。そもそも、主体とは、意思をもって行為する存在のことです。その場合、身体や感情をもつ

かどうかは問題になりません。

そして、ほとんどの企業は意思をもっています。なぜなら、その内部に、合理的な意思決定のプロセスをもっているからです。したがって、その限りで、企業は道徳的な主体といえます。

企業が道徳的な主体であるという考えは、かつては、奇異なものと見なされていました。ですが、近年では、むしろ一般的になっています。たとえば、企業を社会の一員と捉える「企業市民」という考え方や、社会的責任を果たしている企業に対して積極的に投資する「社会的責任投資」という考え方は、道徳的な主体としての企業を前提にしています。

倫理的な企業

続いて、企業と社会をめぐる問題として、「倫理的な企業」とはどのような企業か、という問題があります。

この問題に関わって、「コーポレート・ガバナンス」という考え方があります。それは、日本語では「企業統治」と訳されています。コーポレート・ガバナンスは、株主総会、取締役会、監査役会など、会社制度を見直すことで、企業の適正な経営と監視を実現しようとするものです。それは、企業の反倫理的な行為を防ぐことを目的の一つにしています。

また、「コンプライアンス」という考え方もあります。コンプライアンスは、日本語では「法令遵守」と訳されますが、その「法令」には、法律だけでなく、企業がみずから策定する「倫理綱領」や「行動基準」が含まれています。コンプライアンスは、それらを策定し、専門部署で管理・運営するとともに、社内教育・訓練を通じて、遵守の徹底を図るものです。こちらは、企業の反倫理的な行

為を防ぐことを主たる目的にしています。

　さらに、「バリュー・シェアリング」、日本語では「価値共有」という考え方もあります。バリュー・シェアリングは、企業理念、価値観、倫理観を全社で共有することで、道徳的な主体としての企業という意識を高めようとするものです。そのキーワードが「インテグリティ」であり、それは、統合性・健全性・高潔さのことです。バリュー・シェアリングは、価値を共有することで、企業が統合的・健全・高潔な主体になることを目的にしています。

　このように、倫理的な企業に関わって、三つの考え方があります。このうち、コーポレート・ガバナンスは、企業をいわば外からコントロールする「他律」的なやり方です。したがって、それを実践するだけで、企業が倫理的になるわけではありません。それは、倫理的な企業であるための必要条件です。

　それに対して、コンプライアンスとバリュー・シェアリングは、企業がみずからをコントロールする「自律」的なやり方です。したがって、それを実践することで、企業は倫理的になることができます。それは、倫理的な企業であるための十分条件です。

　もっとも、倫理的な企業という考えに対しては、「企業は、自己利益にもとづいて倫理的であろうとするのだから、けっして倫理的ではない」といった批判もあります。たしかに、コンプライアンスの場合には、そうした批判が当てはまることもあります。しかし、バリュー・シェアリングでは、企業が自己利益をこえた価値をめざす主体として考えられており、そうした批判は当てはまりません。

企業は誰のためにあるのか

　ここまで、企業と社会をめぐる問題について見てきましたが、よ

り大きな問題が残っています。それは、企業は誰のためにあるのか、という問題です。

現代の企業の多くは、株式会社という制度をとっています。株式会社の所有者は株主です。かつては、株主には力がありませんでしたが、のちに、「株主主権」が唱えられ、株主が力をもつようになりました。ところが、一部の株主が、株の売買による利益を得るために、経営に介入するようになり、企業は誰のものか、という問題が起こりました。

その一方で、企業は誰のためにあるのか、という問題も出されるようになりました。企業は、株主のためにあるのではなく、企業に関わるすべての人のためにある。このような考えが主張され、「ストックホルダー」から「ステイクホルダー」への転換が唱えられるようになりました。ストックホルダーとは株主のことであり、ステイクホルダーとは、株主、従業員、顧客、取引業者、自治体など、企業の「利害関係者」のことです。

ステイクホルダーという考え方に従うと、企業は、利益を追求する組織ではなく、ステイクホルダーの利害を調整する場であり、企業の目的は、利益を上げることではなく、ステイクホルダーの権利と義務を実現することにあります。このように、ステイクホルダーという考え方は、企業のあり方を大きく変えるものです。

•── 市場のモラル

フェア・プレーと信頼

ビジネスの世界とは「市場」のことです。古典的な立場によると、

市場では、私益だけを目的とする「経済人」が自由に競争し、結果として、公益が実現します。この立場に従うと、市場は倫理と無関係である、ということになります。こうした考えは「市場の没倫理性」や「ビジネスの没道徳性」と呼ばれています。

しかし、それは神話にすぎません。市場では、さまざまな倫理的な問題が現実に起こっています。また、経済人のような主体は、個人であれ、企業であれ、ほとんどいません。さらに、より重要なのは、市場にもモラルがある、ということです。

では、市場のモラルとはどのようなものでしょうか。それは、何よりもまず、ルールを守ることです。たとえば、アダム・スミスはそれを「フェア・プレー」と呼んでいます。スミスによると、人間には、他人から共感されたいという欲求があります。そこで、人びとは、富をめざす競争において、他人からの共感を求めて自分の利己心を抑え、ルールを守るようになります。

また、市場のモラルとして、「信頼」もあります。そもそも、人びとが取引するためには、お互いを信頼しなければなりません。つまり、市場が成立し、維持されるためには、信頼が必要とされます。そして、「正直は最良の策なり」と言うように、信頼は経済的な利益をもたらします。さらに、経済学の考えでは、信頼は取引にかかる費用を軽減するものです。

このように、市場にも、フェア・プレーや信頼というモラルがあります。それは、市場の内部で、当事者のあいだで、自然に形成されるものです。

競争の倫理

しかし、フェア・プレーが実現し、信頼が確立するとしても、そ

れで、市場が道徳的になるわけではありません。

　まず、市場における競争が、倫理的な問題を含むことがあります。たとえば、不正でないとしても、道徳的に非難されるような商売をする場合や、よく売れるとはいえ、道徳的に望ましくない商品をつくる場合です。ルールさえ守ればよい、売れさえすれば何でもよい、という問題ではありません。

　また、市場における競争が、倫理的な問題を引き起こすこともあります。たとえば、競争の結果、大きな経済格差が生じる場合や、さまざまな環境問題をもたらす場合です。公正な競争の結果であるから、格差を是正する必要はない、環境に悪影響を及ぼすこともやむを得ない、というわけにはいきません。

　そこで、近年では、「競争の倫理」という新たなモラルが考えられています。それは、フェア・プレーや信頼だけでなく、「徳」「道徳的義務」「正義」などを組み込もうとするものです。従来の市場のモラルとの違いは、一つは、市場の内部ではなく、市場の外部から道徳的な評価を行うこと、もう一つは、当事者だけでなく、多様なステイクホルダーに配慮することにあります。

　ただし、競争の倫理は、あくまで「競争における倫理」であり、競争そのものが倫理的であるかどうかを問題にはしません。したがって、その倫理にも限界があります。

・──経済と人間

生活のなかの労働

　最後に、経済と人間をめぐる問題について見ていきます。その一

つは「労働」の問題です。

　先に述べたように、労働社会や労働中心主義は、過労死や過労自殺など、深刻な問題を引き起こしています。では、どうすればよいのでしょうか。

　労働社会では、労働が支配的であり、労働が生活を規定しています。しかし、労働はもともと生活の一部にすぎません。そこで、求められているのは、生活によって労働を規定すること、つまり、労働を生活のなかに正しく位置づけることです。そして、そうすることで、労働社会や労働中心主義を克服することができます。さらに、労働社会や労働中心主義が克服されるとき、労働は、自発的なもの、生きがいを与えるものになるのです。

　とはいえ、それは、個人の力で実現できるものではありません。社会全体で、労働に対する考え方を見直すことが必要になります。それに関して、近年、仕事と生活の両立をめざす「ワーク・ライフ・バランス」が提唱されています。ワーク・ライフ・バランスは、労働社会や労働中心主義を克服することを目的にしています。そして、それにもとづいて、さまざまな取り組みがなされています。

　ただ、ワーク・ライフ・バランスは、労働と生活を区別し、両者を対置させています。その点では、労働中心主義から脱していません。労働はあくまで生活の一部であり、生活のなかに位置づけられるべきものです。

福祉のゆくえ

　また、経済と人間をめぐる問題として、「福祉」という問題もあります。福祉とは「よくあること」、すなわち、人間の「善き生」のことです。そして、「福祉国家」とは、「社会保障」制度を通じて、

国民の福祉を実現することを目的とする国家です。一般に、社会保障制度には、社会保険、公的扶助、社会福祉、公衆衛生などがあります。福祉国家は、国民の社会的な権利を保障するために、国民の生活に積極的に関与し、所得の再分配を行うものです。

　現在、多くの福祉国家が財政危機に瀕しており、福祉政策の見直しを行っています。そうしたなかで、福祉のあり方について、新たな考えが生まれています。一つは「ワークフェア」であり、もう一つは「ベーシック・インカム」です。

　ワークフェアとは、生活保護などの受給者に対して、労働を義務づける、という考えです。それは、労働の対価として給付を行うことで、受給者の精神的な自立を促し、労働を通じて技能を身につけさせることで、受給者の経済的な自立をめざすものです。ですが、ワークフェアは、受給者を、経済成長を阻害する要因と捉え、その除去のために、受給者に対する自立支援を行うものであり、この点が問題視されています。

　それに対して、ベーシック・インカムとは、社会の全成員に対して無条件に給付を行う、という考えであり、「基礎所得」と訳されています。それは、成員の所得の違い、労働の意欲の有無、家族構成や地域に関わりなく、所得として事前に給付するものです。ベーシック・インカムは、実質的な自由の公平な分配を目的としています。ですが、それに対しては、労働の意欲のない者を優遇することになるのではないか、という批判があります。

　ワークフェアとベーシック・インカムは対照的な考えですが、どちらも福祉のあり方を大きく変える可能性があり、活発な論争がなされています。

おわりに

　この本では、倫理学をはじめて学ぶ人のために、「入門の入門」書として、倫理学の世界を広く紹介してきました。倫理学に興味や関心をもってもらえたとすれば、この本は役目を果たしたといえます。倫理学をさらに知りたい方は、「読書案内」に挙げた「入門」書をぜひ読んでみてください。

　最後に、倫理学を学ぶ意義について、もう少しだけ述べたいと思います。

　「はじめに」で述べたように、倫理学はあまり役に立ちそうにありませんが、倫理学を学ぶことで、人間の生き方や社会のあり方について考えを深め、その考えを自分の人生に活かすことはできます。では、それは、具体的にはどういうことでしょうか。

　たとえば、人間の生き方や社会のあり方について、世間の考えと自分の考えが違ったとします。その場合、世間の考えに従って自分の考えを棄てるか、それとも、世間の考えに反して自分の考えを貫くか、ということになりがちです。ですが、倫理学を学ぶことで、世間の考えや自分の考えを問い直すことができます。なぜなら、倫理学は、人間の生き方や社会のあり方について、さまざまな考えを示し、それらについて論じるものだからです。

　また、人生のなかで、ある問題を抱えたとします。その場合、問題に囚われて、自分を見失ったり、反対に、問題から目をそらして、自分を偽ったりすることもあります。ですが、倫理学を学ぶことで、

問題と正しく向き合うことができます。なぜなら、倫理学は、人生に関するさまざまな問題について、それらの大きさや深さを明らかにするものだからです。

このように言うと、倫理学は「ありがたい学問」や「うさんくさい学問」のように思われるかもしれません。しかし、けっしてそうではありません。なぜなら、倫理学を学び、みずから倫理的に考えることは、ときには、これまでの自分を批判したり、否定したりすることになるからです。倫理学は「気の重い学問」です。それでもやはり、よく生きるために必要な学問です。

このような「倫理学」が、読者のみなさんにとって、よく生きるための手がかりになれば、著者として、これにまさる喜びはありません。

末筆ながら、「プレップ人文学」シリーズを企画され、本巻の執筆を著者にお任せくださった、弘文堂の中村憲生さんに、厚くお礼申し上げます。また、私事で恐縮ですが、いろいろと助言してくれた妻に感謝します。

2010年6月

柘 植 尚 則

＊　　　＊　　　＊

増補版では、「科学技術」の章を新たに設けるともに、「読書案内」の「倫理学の入門書」を全面的に書き改めました。──著者

⁘ 読 書 案 内 ⁘

以下では、倫理学をさらに知りたい方のために、「入門」書を紹介していきます。あわせて、倫理学の「古典」も挙げることにします。

┈┈┈ Ⅰ ┈ 倫理学の入門書 ┈┈┈

倫理学の入門書は、ここ10年に刊行されたものに限っても、たくさんあります。ここでは、それらのいくつかを紹介します（それ以前のものについては、本書の初版をご覧ください）。

まず、倫理学の標準的な入門書としては、以下のものがあります。

1. 品川哲彦『倫理学入門：アリストテレスから生殖技術、AIまで』
   中公新書、2020年
2. 中村隆文『「正しさ」の理由：「なぜそうすべきなのか？」を考えるための倫理学入門』ナカニシヤ出版、2018年
3. マティアス・ルッツ＝バッハマン『倫理学基礎講座』
   桐原隆弘訳、晃洋書房、2018年
4. 品川哲彦『倫理学の話』ナカニシヤ出版、2015年
5. ジェームズ・レイチェルズほか『新版　現実をみつめる道徳哲学：安楽死・中絶・フェミニズム・ケア』次田憲和訳、晃洋書房、2017年
6. 赤林朗・児玉聡編『入門・倫理学』勁草書房、2018年
7. 田中朋弘『文脈としての規範倫理学』ナカニシヤ出版、2012年
8. 児玉聡『功利主義入門：はじめての倫理学』ちくま新書、2012年
9. 佐藤岳詩『メタ倫理学入門：道徳のそもそもを考える』
   勁草書房、2017年

10. 柘植尚則編『入門・倫理学の歴史：24人の思想家』
   梓出版社、2016年

1〜6は倫理学を広く紹介した入門書であり、1は新書で読める最新のもの、2と3はコンパクトなもの、4〜6はより詳しいものです。7は規範倫理学に関する、8はとくに功利主義に関する、9はメタ倫理学に関する、はじめての本格的な入門書です。10は西洋の倫理学の歴史を思想家ごとに概説したものです。

　また、倫理学のさまざまなテーマやトピックについて紹介した入門書としては、以下のものがあります。

11. 藤野寛『高校生と大学一年生のための倫理学講義』
   ナカニシヤ出版、2011年
12. ジュリアン・バジーニ『ビッグクエスチョンズ　倫理』
   山邉昭則・水野みゆき訳、ディスカヴァー・トゥエンティワン、2015年
13. 山内志朗『小さな倫理学入門』慶應義塾大学出版会、2015年
14. E・トゥーゲントハットほか『ぼくたちの倫理学教室』
   鈴木崇夫訳、平凡社新書、2016年
15. 児玉聡『実践・倫理学：現代の問題を考えるために』
   勁草書房、2020年
16. 森村進『幸福とは何か：思考実験で学ぶ倫理学入門』
   ちくまプリマー新書、2018年
17. 平尾昌宏『ふだんづかいの倫理学』晶文社、2019年
18. 馬渕浩二『貧困の倫理学』平凡社新書、2015年
19. 眞嶋俊造『正しい戦争はあるのか？：戦争倫理学入門』
   大隈書店、2016年
20. ロナルド・L・サンドラー『食物倫理（フード・エシックス）入門：食べることの倫理学』馬渕浩二訳、ナカニシヤ出版、2019年

21. 古田徹也『不道徳的倫理学講義：人生にとって運とは何か』
　ちくま新書、2019年

　11～15は、人生におけるさまざまな問題について考察した入門書であり、倫理学の広がりと深さを知ることができます。**16～21**は、幸福、正義・自由・愛、貧困、戦争、食料、運といった、倫理学の個別のテーマについて詳しく論じた入門書です。

　次に、応用倫理学の入門書としては、以下のものがあります。

22. 浅見昇吾・盛永審一郎編『教養としての応用倫理学』
　丸善出版、2013年

23. 盛永審一郎・松島哲久・小出泰士編『いまを生きるための倫理学』
　丸善出版、2019年

24. 奥田太郎『倫理学という構え：応用倫理学原論』
　ナカニシヤ出版、2012年

25. 小林亜津子『はじめて学ぶ生命倫理：「いのち」は誰が決めるのか』
　ちくまプリマー新書、2011年

26. 水野俊誠『医療・看護倫理の要点』 東信堂、2014年

27. 今井道夫『生命倫理学入門〔第4版〕』 産業図書、2017年

28. 霜田求編『テキストブック　生命倫理』 法律文化社、2018年

29. 赤林朗編『入門・医療倫理Ⅰ〔改訂版〕』 勁草書房、2017年

30. 高橋広次『環境倫理学入門：生命と環境のあいだ』
　勁草書房、2011年

31. 吉永明弘・寺本剛編『環境倫理学』 昭和堂、2020年

32. 勢力尚雅編『科学技術の倫理学』 梓出版社、2011年

33. 黒田光太郎・戸田山和久・伊勢田哲治編『誇り高い技術者になろう：工学倫理ノススメ〔第2版〕』 名古屋大学出版会、2012年

34. 齊藤了文・坂下浩司編『はじめての工学倫理〔第3版〕』
　昭和堂、2014年

35. 久木田水生・神崎宣次・佐々木拓『ロボットからの倫理学入門』
   名古屋大学出版会、2017年
36. ジョゼフ・R・デジャルダン『ビジネス倫理学入門』
   文京学院大学グローバル・カリキュラム研究会訳、冨山房インターナショ
   ナル、2014年
37. 柘植尚則『プレップ経済倫理学』弘文堂、2014年
38. 永合位行・鈴木純『現代社会と経済倫理』有斐閣、2018年

22と23は応用倫理学を広く紹介した入門書であり、24は応用倫理学の研究
を踏まえて倫理学そのものを問い直す試みです。25〜29は生命倫理や医療
倫理に関する入門書であり、25は新書で読めるもの、26〜28はコンパクト
なもの、29はより詳しいものです。30〜31は環境倫理に関する、32〜35
は科学技術倫理や工学倫理に関する、36〜38はビジネス倫理や経済倫理に
関する、オーソドックスな入門書です。
　続いて、社会哲学や正義論の入門書としては、以下のものがあります。

39. 坂本達哉『社会思想の歴史：マキアヴェリからロールズまで』
   名古屋大学出版会、2014年
40. 荒谷大輔『資本主義に出口はあるか』講談社現代新書、2019年
41. 神島裕子『正義とは何か：現代政治哲学の6つの視点』
   中公新書、2018年
42. 長友敬一『正義は時代や社会で違うのか：相対主義と絶対主義の検
   討』ナカニシヤ出版、2020年
43. 宇佐美誠・児玉聡・井上彰・松元雅和『正義論：ベーシックスから
   フロンティアまで』法律文化社、2019年

39は社会思想史の定評ある概説書であり、40は社会について新たな見方を
提示した入門書です。41〜43は正義論に関する入門書であり、41は現代の
政治哲学の議論を、42は古代から現代に至る議論を、43は原理的・現実的

な問題を紹介しています。なお、他者論については、個々の思想家に関する入門書を参照してください。

　最後に、倫理学の入門的な事典や叢書としては、以下のものがあります。

44. ジュリアン・バッジーニほか『倫理学の道具箱』
　　長滝祥司・廣瀬覚訳、共立出版、2012年

45. 直江清隆・越智貢編『高校倫理からの哲学』
　　全4巻・別巻、岩波書店、2012年

46. 直江清隆編『高校倫理の古典でまなぶ哲学トレーニング』
　　全2巻、岩波書店、2016年

44は倫理学の主要な立場や概念についてコンパクトに説明したものです。**45**は、高校で学ぶ倫理をベースに、生きること・知ること・正義・自由・災害について考察しており、それに続く**46**は、高校の倫理で登場する古典を詳しく紹介しています。

┈┈┈ II ┈倫理学の古典┈┈┈

　倫理学の古典も、現代のものまで含めると、たくさんあります。ここでは、『プレップ倫理学』で紹介した哲学者や思想家の著作のうちで、とくに重要なものを挙げておきます（書名は一般的な邦訳名です）。具体的な内容については、本文を参照してください。

　まず、規範倫理学に関しては、

1. ベンサム『道徳と立法の原理序説』（1789）

2. ミル『功利主義』（1861/63）

3. カント『人倫の形而上学の基礎づけ』（1785）

4. カント『実践理性批判』（1788）

5. アリストテレス『ニコマコス倫理学』（前4世紀）

6. マッキンタイア『美徳なき時代』（1981/84）

があります。**1**と**2**は功利主義の古典、**3**と**4**は義務論の古典、**5**と**6**は徳倫理学の古典です。なお、幸福や正義に関するアリストテレスの議論は、**5**に含まれています。

　次に、メタ倫理学に関しては、

7. ムア『倫理学原理』（1903）
8. ヘア『道徳の言語』（1952/61）

があります。**7**はメタ倫理学の出発点、**8**は一つの到達点です。また、メタ倫理学に関連して、道徳判断に関するものとしては、

9. ヒューム『人間本性論』（1739-40）
10. スミス『道徳感情論』（1759）
11. ヘア『道徳的に考えること』（1981）

があります。**9**と**10**は近代の感情論の古典、**11**は現代の代表的な理論です。さらに、道徳批判に関するものとしては、

12. ニーチェ『善悪の彼岸』（1886）
13. ニーチェ『道徳の系譜』（1887）
14. ウィリアムズ『生き方について哲学は何が言えるか』（1985）

があります。**13**は、**12**を補足説明したものですが、より体系的な論考になっています。**14**は、徳倫理学にも大きな影響を与えています。

　次に、自己と他者の問題に関しては、以下のものがあります。

15. デカルト『方法序説』（1637）

16. キルケゴール『死に至る病』（1849）

17. ニーチェ『ツァラトゥストラ』（1883–85）

18. ハイデガー『存在と時間』（1927）

19. サルトル『実存主義とは何か』（1946）

20. レヴィナス『全体性と無限』（1961）

21. ハーバーマス『討議倫理』（1991）

15は哲学の古典ですが、「近代的な自己」の原型を築いたものです。16と17は実存主義の先駆であり、18と19は実存主義の古典です。20は現代の他者論の原点です。そして、21は討議倫理学の入門書です。

　また、社会哲学に関しては、以下のものがあります。

22. プラトン『国家』（前4世紀）

23. ホッブズ『リヴァイアサン』（1651）

24. ロック『統治二論』（1689）

25. ルソー『人間不平等起源論』（1755）

26. ルソー『社会契約論』（1762）

27. スミス『国富論』（1776）

28. ヘーゲル『法の哲学』（1821）

29. マルクス『経済学・哲学草稿』（c. 1844）

30. ミル『自由論』（1859）

31. アーレント『人間の条件』（1958）

32. フーコー『監獄の誕生』（1975）

33. ロールズ『正義論』（1971）

22は、西洋哲学で最初の理想国家論です。23、24、26は社会契約説の古典です。25は、近代の市民社会をいち早く批判したものです。27は経済学の古典ですが、市場社会論でもあります。28は、国家による市民社会の問題の克服を唱えたものです。29は、資本主義社会における労働の問題を論

じています。**30**は自由主義の古典であり、いわゆる危害原則を唱えています。**31**と**32**は、近代人に対する本格的な批判の書です。そして、**33**は現代の正義論の出発点です。

以上のほかにも、**キケロ**『**義務について**』（44 B. C.）、**パスカル**『**パンセ**』（1670）、**スピノザ**『**エチカ**』（1677）など、『プレップ倫理学』で紹介できなかった古典がたくさんあります。それらについては、倫理学の入門書を参照してください。

最後に、邦訳や解説書について説明します。

まず、邦訳は、単行本のほかに、**岩波文庫**（岩波書店）、**ちくま学芸文庫**（筑摩書房）などの文庫、**中公クラシックス**（中央公論新社）などの新書、**世界の名著**（中央公論社）、**世界の大思想**（河出書房）などのシリーズに収められています。

また、個々の哲学者や思想家の解説書として、単行本のほかに、**人と思想**（清水書院）、**人類の知的遺産**（講談社）、**思想学説全書**（勁草書房）、**哲学のエッセンス**（NHK出版）、**現代思想の冒険者たち**（講談社）などのシリーズがあります。

さらに、哲学者や思想家を全体にわたって解説した入門書として、**哲学の歴史**（中央公論新社、全12巻・別巻）、**世界哲学史**（筑摩書房、全8巻・別巻）があります。

事項索引

220

∴ 人名索引 ∴

【著者紹介】

柘植尚則（つげ ひさのり）

1964年　大阪府生まれ
1993年　大阪大学大学院文学研究科博士課程単位取得退学
現　在　慶應義塾大学大学院文学研究科教授
専　攻　倫理学・思想史
主　著　『イギリスのモラリストたち』研究社、2009年
　　　　『プレップ経済倫理学』弘文堂、2014年
　　　　『近代イギリス倫理思想史』ナカニシヤ出版、2020年

プレップ倫理学〔増補版〕　　　　　　　　プレップシリーズ

2010（平成22）年 9 月15日　初　版 1 刷発行
2021（令和 3 ）年 3 月15日　増補版 1 刷発行
2024（令和 6 ）年 1 月30日　同　　4 刷発行

著　者　柘植尚則

発行者　鯉渕友南

発行所　株式 会社 弘文堂　　101-0062　東京都千代田区神田駿河台1の7
　　　　　　　　　　　　　TEL 03（3294）4801　振替 00120-6-53909
　　　　　　　　　　　　　https://www.koubundou.co.jp

装　丁　青山修作
印　刷　三美印刷
製　本　井上製本所

Ⓒ 2021　Hisanori Tsuge. Printed in Japan
[JCOPY] 《（社）出版者著作権管理機構 委託出版物》
本書の無断複写は著作権法上での例外を除き禁じられています。複写される場合は、
そのつど事前に、（社）出版者著作権管理機構（電話 03-5244-5088、FAX 03-5244-
5089、e-mail: info@jcopy.or.jp）の許諾を得てください。
また本書を代行業者等の第三者に依頼してスキャンやデジタル化することは、たとえ
個人や家庭内での利用であっても一切認められておりません。

ISBN978-4-335-15061-6